韩国语能力考试必备系列

一 上

留学韩国语

유학 한국어

昊天海月国际文化传媒与韩国檀国大学《留学韩国语》教材编写组共同编写

万玉波　　〔韩〕刘素瑛　主编
于　洋　　〔韩〕朴茶仁

北京大学出版社
PEKING UNIVERSITY PRESS

图书在版编目(CIP)数据

留学韩国语. 1. 上/万玉波，(韩) 刘素瑛主编. —北京：北京大学出版社，2016.4
（韩国语能力考试必备系列）
ISBN 978-7-301-26834-6

Ⅰ.①留… Ⅱ.①万… ②刘… Ⅲ.①朝鲜语–水平考试–自学参考资料 Ⅳ.①H55

中国版本图书馆CIP数据核字 (2016) 第025095号

书　　　名	留学韩国语（一）（上）
	Liuxue Hanguoyu
著作责任者	万玉波　〔韩〕刘素瑛　主编　于　洋　〔韩〕朴茶仁　编著
责任编辑	刘　虹
标准书号	ISBN 978-7-301-26834-6
出版发行	北京大学出版社
地　　　址	北京市海淀区成府路205 号　100871
网　　　址	http://www.pup.cn　　新浪微博：@北京大学出版社
电子信箱	zyjy@pup.cn
电　　　话	邮购部62752015　发行部62750672　编辑部62754382
印　刷　者	北京大学印刷厂
经　销　者	新华书店
	787毫米×1092毫米　16开本　10.75印张　300千字
	2016年4月第1版　2016年4月第1次印刷
定　　　价	65.00元

未经许可，不得以任何方式复制或抄袭本书之部分或全部内容。
版权所有，侵权必究
举报电话：010-62752024　电子信箱：fd@pup.pku.edu.cn
图书如有印装质量问题，请与出版部联系，电话：010-62756370

前　言

　　如何能够做到快速熟练地使用一门外语既是学习者追求的目标，又是所有外语教育工作者不断钻研的课题。随着1992年中韩建交，两国之间的经贸往来及文化交流不断深入，加之韩流在中国的盛行，越来越多的学习者开始关注韩语，并期望尽快掌握这门语言。然而，与英语等通用外语语种比起来，韩语的教学及研究还处在起步与发展阶段，90年代以后才出现了真正意义上的韩语教育，因此，如何让中国人快速而准确地学会韩语，还有很多亟待解决的教学问题。

　　与此同时，赴韩留学的人数也在逐年增多，数以万计的学子们不仅仅期待着掌握韩国的日常用语，还迫切希望尽快达到入读韩国大学本科、硕士专业学习的水平。为适应这一需求，北京大学外国语学院于2006年开办了留学韩语培训班。现在，北京大学的留学韩语培训已经走过了十个春秋，教师团队针对短期韩语强化积累了丰富的教学经验，如果能够将教学成果编辑成书，必然会使更多学子受益。鉴于此，昊天海月国际文化传媒（北京）有限公司（北京大学留学韩语培训班合办单位）组织北京大学留学韩语培训班的部分中韩教师，联合韩国檀国大学共同编写了本书。檀国大学是韩国的传统名校，对外韩语教育已经有近30年的历史，有着丰硕的教研成果。学科长刘素瑛教授是韩语教育领域的知名学者。因此，本书既融合了北京大学留学韩语培训班一线教师的教学经验，又汇聚了韩国檀国大学韩语教育的精髓，本书将让韩语学习变得既实用有效，又原汁原味地展现韩语的特点和魅力。

　　本书共计4级8册，全部采用韩文编写。本书倡导沉浸式学习模式，希望在学习之初便将学习者直接带入韩语语境。同时本书以几位在韩学习的学生为主人公，围绕着他们的学习生活展开，一二级以解决生活用语为目标，三四级以达到进入大学专业学习的语言能力为目标。课文内容以在韩国的学习生活为背景，生动有趣，真实好用。同时，每课课后添加了文化生活小常识，对希望了解韩国以及即将赴韩留学的学习者来说将大有裨益。

　　本书的出版得到了韩国传统名校檀国大学国际处国际交流副校长李在董博士、檀国大学国际教育中心刘素瑛教授、檀国大学国际处曹成铉主任的鼎力支持，在此对他们的辛勤付出表示感谢！

교재 사용법

1. 학습 구성표

각 과의 기능과 문법, 어휘와 표현을 하나의 표로 제공하여 학습자들이 이 책에서 배우는 내용을 한 눈에 파악할 수 있도록 배려했습니다.
（用一张表向读者展示每课的学习目标、语法、词汇及表现，令读者对本书的学习内容一目了然。）

2. 들어가기

각 과의 학습목표와 어휘, 문법 항목들을 제시하였습니다. 그리고 각 과의 중요한 표현을 대화로 제시하여 어떤 상황에서 사용하는지 실제 사례를 보여 학습 동기를 높였습니다.
（各课的学习目标及词汇、语法。用对话展示每课的重要句型，用实际例子更直观地表现出句型的用法。）

3. 어휘와 표현

각 과에 나오는 어휘를 명사, 동사, 형용사, 표현으로 분류하고 이를 다시 의미별로 분류하여 제시하였습니다. 이는 학습자들이 각각의 어휘가 속한 품사와 의미 그룹을 이해할 수 있도록 하기 위한 것입니다.
（将各课出现的词汇按照名词、动词、形容词、惯用语等分类。再按含义的区别予以分类。这便于学习者对词汇的词性与含义的准确把握。）

4. 문법

각 과에서 배워야 할 문법을 예문을 통해 의미를 제시하고 형태 연습과 회화 연습을 함께 제시하였습니다. 이는 한국어의 문법 항목들이 가지는 의미와 형태의 변화를 연습하게 하고 적절히 사용할 수 있도록 충분한 연습과 활용을 제공하기 위한 것입니다.
（通过例句表达出每课应学语法的含义，并进行形态练习和会话练习。这是为了熟悉韩国语语法项目的意义和形态，并恰当地使用这些语法而进行的练习。）

5. 말하기

각 과에서 학습한 어휘와 문법 항목들을 활용하여 의사소통 과제를 해결하는 다양한 활동을 제공하였습니다. 이를 통해 학습자들은 좀 더 생생한 한국어 말하기 능력을 키울 수 있을 것입니다.
（利用每一课中所学习的词汇和语法项目，进行对话交流的多样化的活动。通过这些活动，学习者们能够培养生动的韩国语法感与实际运用能力。）

6. 듣기 / 읽기 / 쓰기

듣기와 읽기는 각 과에서 배운 내용을 머릿속에 정리하고 확인하는 역할을 합니다. 쓰기는 말하기, 듣기, 읽기 등의 활동을 통해 습득된 내용을 바탕으로 학습자 자신의 이야기를 문장으로 표현하는 연습을 할 수 있습니다.
（听力与阅读是在脑海中整理每课学到的内容，并予以巩固的过程。写作是以口语、听力、阅读等环节学到的内容为基础，将学习者们自身的语言用句子表达出来的一项练习。）

등장인물

스테파니　　리에　　애니

크리스　　마리오　　리우팅　　토린

목 차

학습 구성표   008

基础

01	한글, 누가 만들었을까?	012
02	한글 1	018
03	한글 2	028

进阶

04	저는 스테파니입니다.	053
05	집이 어디에 있어요?	071
06	지금 몇 시예요?	091
07	이 사과는 한 개에 얼마예요?	115
08	한국 생활은 재미있습니다.	135

듣기 대본   162
찾아보기   165

학습 구성표

		제목	기능
基础	01	한글, 누가 만들었을까?	한글의 특징과 소리 이해하기
	02	한글 1	한글의 자음과 모음 익히기 ❶
	03	한글 2	한글의 자음과 모음 익히기 ❷, 발음 규칙 익히기
进阶	04	저는 스테파니입니다.	자기소개하기
	05	집이 어디에 있어요?	장소·위치 말하기
	06	지금 몇 시예요?	시간·날짜·요일 말하기
	07	이 사과는 한 개에 얼마예요?	물건 사기
	08	한국 생활은 재미있습니다.	날씨와 한국 생활 말하기

이 책에서는 어떤 것을 배울까요? 각 과에서 배우는 내용을 하나의 표로 제공하여 한 눈에 파악할 수 있도록 하였습니다.

문법	어휘와 표현
-	-
단모음, j계 이중모음, 파열음, 마찰음, 파찰음	-
W계 이중모음, 비음, 유음, 받침, 발음 규칙	-
N이/가 N입니까? / N은/는 N입니다. / N도 / N 사람 / N어 / N말 / N의 N / 제 N / N이/가 아닙니다.	인사, 취미, 직업, 나라
N이에요? N예요? / N이에요. N예요. / N이/가 아니에요. / N와/과 N / N이/가 N에 있어요.	장소, 위치
숫자 / N 시, N 분, N 초 / N년, N월, N일, N요일 / 무슨 N / N부터 N까지	시간, 날짜, 요일
이것, 그것, 저것, 어느 것 / 단위 명사 / N에 / N하고 N / 이 N, 그 N, 저 N, 어느 N	과일, 음료, 식품, 교실
N을/를 / A/V-ㅂ/습니까? / A/V-ㅂ/습니다. / A/V-지 않습니다. / N에 / N들 / A-고 / A/V-지만	날씨, 맛, 음식

일러두기*

基礎에서는 한국어의 문자인 한글이 만들어진 배경과 특징을 이해합니다.
한글의 자음과 모음의 음가와 소리를 익히고 발음 규칙을 이해하고 적용할 수 있도록 다양한 연습을 제공합니다.

留学韩国语（一）（上）
基 础

01	한글, 누가 만들었을까?
02	한글 1
03	한글 2

한글, 누가 만들었을까?

세종대왕

1. 한글의 탄생

한글은 조선시대 4번째 왕인 세종대왕이 집현전*의 학자들과 함께 만들었어요. 그 시절에는 중국에서 온 문자인 한자를 사용하였기 때문에 글자를 모르는 백성들이 많았어요. 그래서 모든 백성이 소리 나는 대로 쓸 수 있는 문자를 만들어 주어야겠다는 세종대왕의 사랑으로 한글이 만들어졌어요. 한글은 1443년(세종25년)에 완성되고 1446년에 반포되어 "훈민정음"이라는 이름으로 불렸는데 1913년 주시경 선생님이 새롭게 "한글"이라는 이름을 만들었어요. 이때부터 한국에서는 10월 9일을 '한글날'로 정하여 기념하고 있어요. 한글은 세계에서 생일이 있는 유일한 문자예요. 또한 1997년 유네스코에서 훈민정음을 세계기록유산으로 등록하였으며, 문맹을 퇴치한 세종대왕의 공적을 기리기 위해 1990년 이후 지구촌에서 문맹 퇴치에 공이 큰 사람을 가려 뽑아 해마다 "세종상"을 주고 있어요.

2. 한글의 특징

첫째, 배우기 쉬운 글자예요. 훈민정음 해례본에 있는 정인지의 꼬리글에 "슬기로운 사람은 아침을 마치기도 전에 깨칠 것이요, 어리석은 이라도 열흘이면 배울 수 있다"고 말하고 있어요.

둘째, 발음기관을 본떠서 만든 과학적인 글자예요. 즉 닿소리(자음)는 소리를 낼 때 발음기관의 모양을 본뜨고, 홀소리(모음)는 하늘(·)과 땅(ㅡ)과 사람(ㅣ)을 본떠서, 글자가 질서 정연하고 체계적인 파생법으로 만들어졌어요.

셋째, 독창적으로 만든 글자예요. 지구상에 있는 대부분의 글자는 오랜 세월 복잡한 변화를 거쳐 오늘날의 글자가 되었거나, 아니면 일본의 가나 글자나 영어의 알파벳처럼 다른 글자를 흉내 내거나 빌린 것들이에요. 그러나 한글은 세종대왕이 독창적으로 만든 글자예요.

넷째, 글자를 만든 목적, 만든 사람, 만든 때가 분명한 글자예요. 오늘날 전 세계에는 7,000여 개의 말(언어)이 있는데 이들 가운데 100여 개의 말만이 글자를 가지고 있다고 해요. 그러나 이러한 글자들도 만든 목적과 만든 사람 그리고 만든 때를 알고 있는 글자는 찾아 볼 수 없어요.

다섯째, 한글은 낱소리 글자이면서 음절 글자의 특징이 있어요. 즉, 각각의 음가를 가진 자음과 모음이 만나 음절을 이룰 때 비로소 소리를 내는 문자예요.

여섯째, 글자 쓰기의 폭이 넓어요. 훈민정음 해례본에서 "바람 소리, 학 소리, 닭 우는 소리, 개 짖는 소리까지 무엇이든지 소리 나는 대로 글자로 쓸 수 있다"고 하였으며, 변방의 말까지 적을 수 있다고 했어요. 한글 총수는 1만 2천 7백 68자로, 세계에서 제일 많은 음을 가진 글자예요.

---

* 집현전은 지금의 연구소 같은 곳이에요.

한글, 누가 만들었을까?

3. 한글의 소리

한글은 자음과 모음으로 구성되어 있어요. 여기에서 자음과 모음은 각각의 음가를 가지고 있지만 혼자서는 아무런 소리를 가지지 못해요. 그래서 자음과 모음이 만나 하나의 음절을 이룰 때 비로소 각자가 가진 음가가 소리로 표현돼요. 그러므로 각각의 자음과 모음의 음가와 음절 구조를 익히면 아주 쉽게 이해할 수 있을 거예요.

1) 한국어의 음절 구조와 유형

❶ 모음으로 된 음절

위에서 언급한 대로 모음은 단독으로 음가는 가지지만 소리는 나지 않아요. 그런데 아래의 예와 같이 자음 자리에 'ㅇ'이 올 때 'ㅇ'은 음가를 가지지 않기 때문에 모음이 가지는 음가가 그대로 표현돼요. 또한 모음의 모양에 따라 초성의 자음과 모음이 나란히 오는 경우와 위, 아래로 오는 경우가 있어요.

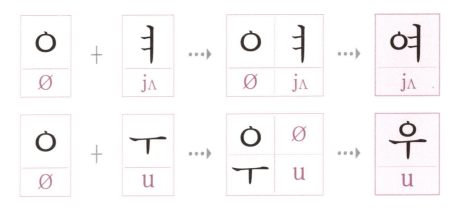

❷ 자음 + 모음으로 된 음절

자음과 모음으로 이루어진 음절의 경우도 모음으로 이루어진 음절과 마찬가지로 각각의 음가를 가진 자음과 모음이 만나서 음절을 이루고 그때 비로소 소리가 나요. 또한 자음과 모음의 위치도 ❶의 경우와 마찬가지로 모음의 모양에 따라 초성의 자음과 모음이 나란히 오는 경우와 위 아래로 오는 경우가 있어요.

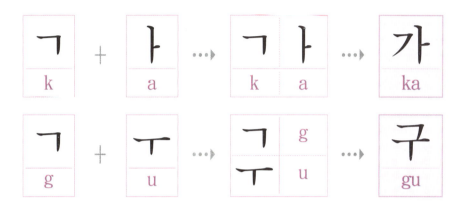

❸ 자음 + 모음 + 자음으로 된 음절

위의 ❶과 ❷의 형태로 이루어진 음절의 아래쪽에 종성으로 자음이 오는 경우 이 종성자인 자음을 '받침'이라고 하는데 받침 소리는 초성의 자음 소리와는 구별되게 발음되며 대표음으로 'ㅂ, ㄷ, ㄱ, ㅁ, ㄴ, ㅇ, ㄹ'이 있어요.

한글, 누가 만들었을까?

2) 한국어의 모음소리

한국어의 모음은 모두 21개로 8개의 기본 단모음(ㅏ, ㅓ, ㅗ, ㅜ, ㅡ, ㅣ, ㅔ, ㅐ)과 13개의 이중모음(ㅑ, ㅕ, ㅛ, ㅠ, ㅖ, ㅒ, ㅘ, ㅝ, ㅟ, ㅚ, ㅞ, ㅙ, ㅢ)이 있어요.

▶ 모음의 글자와 음가

글자	ㅏ	ㅓ	ㅗ	ㅜ	ㅡ	ㅣ	ㅔ	ㅐ
음가	[a]	[ʌ]	[o]	[u]	[ɯ]	[i]	[e]	[ɛ]
글자	ㅑ	ㅕ	ㅛ	ㅠ			ㅖ	ㅒ
음가	[ja]	[jʌ]	[jo]	[ju]			[je]	[jɛ]
글자	ㅘ	ㅝ			ㅟ	ㅚ	ㅞ	ㅙ
음가	[wa]	[wʌ]			[wi]	[we]	[we]	[wɛ]
글자					ㅢ			
음가					[ɯi]			

▶ 모음도

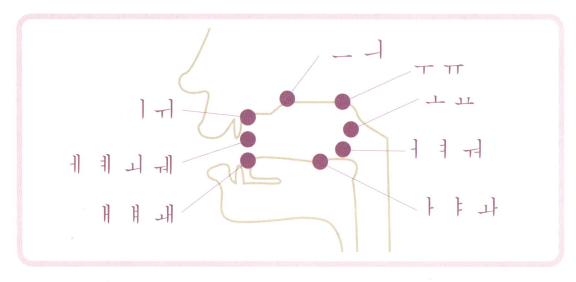

3) 한국어의 자음소리

한국어의 자음은 모두 19개로 10개의 평음(ㅂ, ㄷ, ㄱ, ㅅ, ㅈ, ㅎ, ㅁ, ㄴ, ㅇ, ㄹ)과 4개의 격음(ㅍ, ㅌ, ㅋ, ㅊ), 5개의 경음(ㅃ, ㄸ, ㄲ, ㅆ, ㅉ)이 있어요.

▶ **자음의 글자와 음가**

글자	ㅂ	ㄷ	ㄱ	ㅅ	ㅈ	
음가	[p][b]	[t][d]	[k][g]	[s][sh]	[ts][j]	
글자	ㅍ	ㅌ	ㅋ		ㅊ	ㅎ
음가	[p^h]	[t^h]	[k^h]		[ts^h]	[h]
글자	ㅃ	ㄸ	ㄲ	ㅆ	ㅉ	
음가	[p']	[t']	[k']	[s']	[ts']	
글자	ㅁ	ㄴ	ㅇ			
음가	[m]	[n]	[Ø][ŋ]			
글자		ㄹ				
음가		[r][l]				

▶ **자음도**

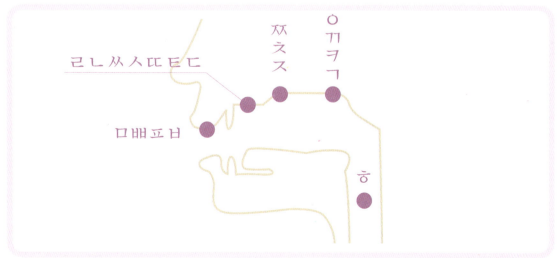

# 한글 1

단모음

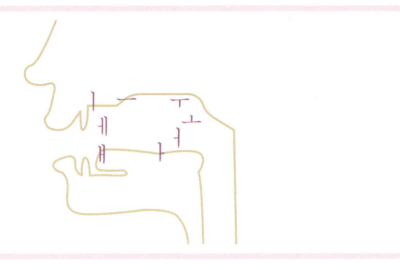

쓰기

문자	이름	필순	쓰기 연습
ㅏ	아	ㅏ	ㅏ
ㅓ	어	ㅓ	ㅓ
ㅗ	오	ㅗ	ㅗ
ㅜ	우	ㅜ	ㅜ
ㅡ	으	ㅡ	ㅡ
ㅣ	이	ㅣ	ㅣ
ㅔ	에	ㅔ	ㅔ
ㅐ	애	ㅐ	ㅐ

02

자음 1 : 파열음

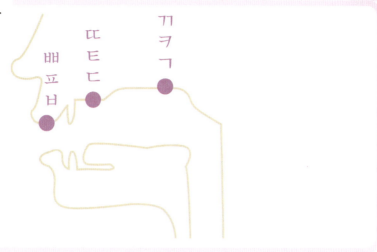

 쓰기

문자	이름	필순	쓰기 연습
ㅂ	비읍	ㅂ	ㅂ
ㅍ	피읖	ㅍ	ㅍ
ㅃ	쌍비읍	ㅃ	ㅃ
ㄷ	디귿	ㄷ	ㄷ
ㅌ	티읕	ㅌ	ㅌ
ㄸ	쌍디귿	ㄸ	ㄸ
ㄱ	기역	ㄱ	ㄱ
ㅋ	키읔	ㅋ	ㅋ
ㄲ	쌍기역	ㄲ	ㄲ

# 한글 1

 읽기

	ㅏ	ㅓ	ㅗ	ㅜ	ㅡ	ㅣ	ㅔ	ㅐ
ㅂ	바	버	보	부	브	비	베	배
ㅍ	파	퍼	포	푸	프	피	페	패
ㅃ	빠	뻐	뽀	뿌	쁘	삐	뻬	빼
ㄷ	다	더	도	두	드	디	데	대
ㅌ	타	터	토	투	트	티	테	태
ㄸ	따	떠	또	뚜	뜨	띠	떼	때
ㄱ	가	거	고	구	그	기	게	개
ㅋ	카	커	코	쿠	크	키	케	캐
ㄲ	까	꺼	꼬	꾸	끄	끼	께	깨

 쓰기

	ㅏ	ㅓ	ㅗ	ㅜ	ㅡ	ㅣ	ㅔ	ㅐ
ㅂ	바							
ㅍ	파							
ㅃ	빠							
ㄷ	다							
ㅌ	타							
ㄸ	따							
ㄱ	가							
ㅋ	카							
ㄲ	까							

단어연습·읽기

바다	배	파	파도	뽀뽀	두부
포도	게	개	구두		
커피	피구	코	카드	쿠키	토끼

 단어연습·쓰기

바다	바다		개	개	
배	배		구두	구두	
파	파		커피	커피	
파도	파도		피구	피구	
뽀뽀	뽀뽀		코	코	
두부	두부		카드	카드	
포도	포도		쿠키	쿠키	
게	게		토끼	토끼	

친구와 이야기해 보세요 ❶

가 : 뭐예요?

나 : <u>커피</u> 예요.

가 : 뭐예요?

나 : _____ 예요.

02

이중모음 1

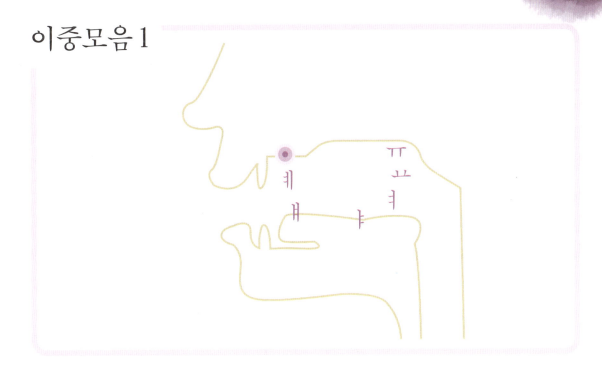

 쓰기

문자	이름	필순	쓰기 연습
ㅑ	야	ㅑ	ㅑ
ㅕ	여	ㅕ	ㅕ
ㅛ	요	ㅛ	ㅛ
ㅠ	유	ㅠ	ㅠ
ㅖ	예	ㅖ	ㅖ
ㅒ	애	ㅒ	ㅒ

자음 2 : 마찰음·파찰음

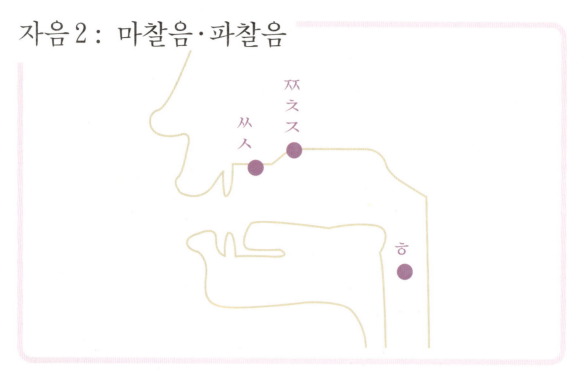

문 자	이 름	필 순	쓰기 연습
ㅅ	시옷		
ㅆ	쌍시옷		
ㅈ	지읒		
ㅊ	치읓		
ㅉ	쌍지읒		
ㅎ	히읗		

읽기

	ㅑ	ㅕ	ㅛ	ㅠ	ㅖ	ㅒ
ㅅ	샤	셔	쇼	슈	셰	섀
ㅆ	쌰	쎠	쑈	쓔	쎼	썌
ㅈ	쟈	져	죠	쥬	졔	쟤
ㅊ	챠	쳐	쵸	츄	쳬	챼
ㅉ	쨔	쪄	쬬	쮸	쪠	쨰
ㅎ	햐	혀	효	휴	혜	해

쓰기

	ㅑ	ㅕ	ㅛ	ㅠ	ㅖ	ㅒ
ㅅ	샤					
ㅆ	쌰					
ㅈ	쟈					
ㅊ	챠					
ㅉ	쨔					
ㅎ	햐					

단어연습·읽기

| 시소 | 사자 | 새 | 뼈 | 시계 | 소주 |

| 투수 | 쏘다 | 자두 | 싸다 |

| 바지 | 피자 | 고추 | 치즈 | 휴지 | 호수 |

단어연습·쓰기

시소	시소		자두	자두	
사자	사자		싸다	싸다	
새	새		바지	바지	
뼈	뼈		피자	피자	
시계	시계		고추	고추	
소주	소주		치즈	치즈	
투수	투수		휴지	휴지	
쏘다	쏘다		호수	호수	

친구와 이야기해 보세요 ❷

가 : 뭐예요?

나 : <u>시계</u> 예요.

가 : 뭐예요?

나 : _____ 예요.

 # 한글 2

이중모음 2

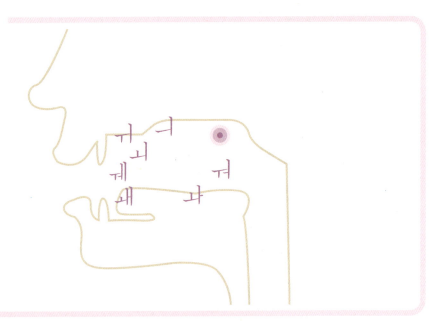

 쓰기

문자	이름	필순	쓰기 연습
ㅘ	와		와
ㅝ	워		워
ㅟ	위		위
ㅚ	외		외
ㅞ	웨		웨
ㅙ	왜		왜
ㅢ	의		의

03

자음 3 : 공명음

쓰기

문자	이름	필순	쓰기 연습
ㅁ	미음		ㅁ
ㄴ	니은		ㄴ
ㅇ	이응		ㅇ
ㄹ	리을		ㄹ

한글 2

읽기

	ㅘ	ㅝ	ㅟ	ㅚ	ㅞ	ㅙ	ㅢ
ㅁ	뫄	뭐	뮈	뫼	뭬	뫠	믜
ㄴ	놔	눠	뉘	뇌	눼	놰	늬
ㅇ	와	워	위	외	웨	왜	의
ㄹ	롸	뤄	뤼	뢰	뤠	뢔	릐

쓰기

	ㅘ	ㅝ	ㅟ	ㅚ	ㅞ	ㅙ	ㅢ
ㅁ	뫄						
ㄴ	놔						
ㅇ	와						
ㄹ	롸						

읽기

	ㅏ	ㅓ	ㅗ	ㅜ	ㅡ	ㅣ	ㅔ	ㅐ	ㅑ	ㅕ	ㅛ	ㅠ	ㅖ	ㅒ	ㅘ	ㅝ	ㅟ	ㅚ	ㅞ	ㅙ	ㅢ
ㅂ	바	버	보	부	브	비	베	배	뱌	벼	보	뷰	볘	뱨	봐	붜	뷔	뵈	붸	봬	븨
ㅍ	파	퍼	포	푸	프	피	페	패	퍄	펴	표	퓨	폐	퍠	퐈	풔	퓌	푀	풰	퐤	픠
ㅃ	빠	뻐	뽀	뿌	쁘	삐	뻬	빼	뺘	뼈	뾰	쀼	뼤	뺴	빠	뿨	쀠	뾔	쀄	뽸	쁴
ㄷ	다	더	도	두	드	디	데	대	댜	뎌	됴	듀	뎨	댸	돠	둬	뒤	되	뒈	돼	듸
ㅌ	타	터	토	투	트	티	테	태	탸	텨	툐	튜	테	턔	톼	퉈	튀	퇴	퉤	퇘	틔
ㄸ	따	떠	또	뚜	뜨	띠	떼	때	땨	뗘	뚀	뜌	뗴	떄	똬	뚸	뛰	뙤	뛔	뙈	띄
ㄱ	가	거	고	구	그	기	게	개	갸	겨	교	규	계	걔	과	궈	귀	괴	궤	괘	긔
ㅋ	카	커	코	쿠	크	키	케	캐	캬	켜	쿄	큐	케	캐	콰	쿼	퀴	쾨	퀘	쾌	킈
ㄲ	까	꺼	꼬	꾸	끄	끼	께	깨	꺄	껴	꾜	뀨	꼐	깨	꽈	꿔	뀌	꾀	꿰	꽤	끠
ㅅ	사	서	소	수	스	시	세	새	샤	셔	쇼	슈	셰	섀	솨	쉬	쉬	쇠	쉐	쇄	싀
ㅆ	싸	써	쏘	쑤	쓰	씨	쎄	쌔	쌰	쎠	쑈	쓔	쎼	썌	쏴	쒀	쒸	쐬	쒜	쐐	씌
ㅈ	자	저	조	주	즈	지	제	재	쟈	져	죠	쥬	졔	쟤	좌	줘	쥐	죄	줴	좨	즤
ㅊ	차	처	초	추	츠	치	체	채	챠	쳐	쵸	츄	쳬	챼	촤	춰	취	최	췌	쵀	츼
ㅉ	짜	쩌	쪼	쭈	쯔	찌	쩨	째	쨔	쪄	쬬	쮸	쪠	쨰	쫘	쭤	쮜	쬐	쮀	쫴	찍
ㅎ	하	허	호	후	흐	히	헤	해	햐	혀	효	휴	혜	햬	화	훠	휘	회	훼	홰	희
ㅁ	마	머	모	무	므	미	메	매	먀	며	묘	뮤	몌	매	뫄	뭐	뮈	뫼	뭬	뫠	믜
ㄴ	나	너	노	누	느	니	네	내	냐	녀	뇨	뉴	녜	냬	놔	눠	뉘	뇌	눼	놰	늬
ㅇ	아	어	오	우	으	이	에	애	야	여	요	유	예	얘	와	워	위	외	웨	왜	의
ㄹ	라	러	로	루	르	리	레	래	랴	려	료	류	례	럐	롸	뤄	뤼	뢰	뤠	뢔	릐

한글 2

 쓰기

	ㅏ	ㅓ	ㅗ	ㅜ	ㅡ	ㅣ	ㅔ	ㅐ	ㅑ	ㅕ
ㅂ										
ㅍ										
ㅃ										
ㄷ										
ㅌ										
ㄸ										
ㄱ										
ㅋ										
ㄲ										
ㅅ										
ㅆ										
ㅈ										
ㅊ										
ㅉ										
ㅎ										
ㅁ										
ㄴ										
ㅇ										
ㄹ										

03

| ㅛ | ㅠ | ㅖ | ㅒ | ㅘ | ㅝ | ㅟ | ㅢ | ㅔ | ㅐ | ㅚ |

단어연습·읽기

나무	나비	바나나	우유	사과	왜
더워요	가위	오리		토마토	
의사	모자	스웨터	모래	의자	주사위

 단어연습·쓰기

나무	나무		오리	오리	
나비	나비		토마토	토마토	
바나나	바나나		의사	의사	
우유	우유		모자	모자	
사과	사과		스웨터	스웨터	
왜	왜		모래	모래	
더워요	더워요		의자	의자	
가위	가위		주사위	주사위	

친구와 이야기해 보세요 ❸

가 : 뭐예요?
나 : <u>사과</u> 예요.

연습

가 : 뭐예요?
나 : _____ 예요.

한글 2

자음 4 : 받침

발음		받침
ㅂ[p]	ㅂ, ㅍ,	밥[bap], 무릎[mu-rɯp]
	ㅂㅅ, ㄹㅂ, ㄹㅍ	없다[ʌp-t˺a], 밟다[bap-t˺a], 읊다[ɯp-t˺a]
ㄷ[t]	ㄷ, ㅅ, ㅈ, ㅊ, ㅌ, ㅎ, ㅆ	걷다[gʌt-t˺a], 옷[ot], 맞다[mat-t˺a], 빛[bit], 맡다[mat-t˺a], 하얗다[haja-t˺a], 갔다[gat-t˺a]
ㄱ[k]	ㄱ, ㅋ, ㄲ	목[mok], 부엌[bu-ʌk], 낚시[nak-s˺i]
	ㄱㅅ, ㄹㄱ	몫[mok], 읽다[ik-t˺a]
ㅁ[m]	ㅁ	감[gam], 마음[ma-ɯm]
	ㄹㅁ	닮다[dam-t˺a], 젊다[jʌm-t˺a]
ㄴ[n]	ㄴ	산[san], 안다[an-t˺a]
	ㄴㅈ, ㄴㅎ	앉다[an-t˺a], 많다[man-t˺a]
ㅇ[ŋ]	ㅇ	강[gaŋ], 방[baŋ]
ㄹ[l]	ㄹ	발[bal], 길[gil]
	ㄹㄱ, ㄹㅁ, ㄹㅂ, ㄹㅅ, ㄹㅌ, ㄹㅍ, ㄹㅎ	읽고[il-k˺o], 닮아서[dal-masʌ], 밟아요[bal-bajo], 곬[gol], 핥다[hal-t˺a], 읊어요[ɯl-pʰʌjo], 싫다[sil-tʰa]

03

 단어연습·읽기

한글 2

단어연습·쓰기

가방	교실	김치	돈
가방	교실	김치	돈

당근	리본	물	라면
당근	리본	물	라면

사탕	수박	양말	김밥
사탕	수박	양말	김밥

자전거	장갑	지하철	친구
자전거	장갑	지하철	친구

컴퓨터	풍선	학교	호랑이
컴퓨터	풍선	학교	호랑이

단어연습·읽기

딸기	레몬	멜론	된장찌개
빵	떡	전화	휴대폰
택시	텔레비전	비행기	세탁기
냉장고	침대	공책	거울
앨범	왕	엘리베이터	태권도

한글 2

 단어연습·쓰기

딸기	레몬	멜론	된장찌개
딸기	레몬	멜론	된장찌개

빵	떡	전화	휴대폰
빵	떡	전화	휴대폰

택시	텔레비전	비행기	세탁기
택시	텔레비전	비행기	세탁기

냉장고	침대	공책	거울
냉장고	침대	공책	거울

앨범	왕	엘리베이터	태권도
앨범	왕	엘리베이터	태권도

친구와 이야기해 보세요 ❹

받침 ○ + 이에요 받침 × + 예요	공책 이에요 딸기 예요
(바나나)	가 : 뭐예요? 나 : 바나나 이에요/(예요).
(아이스크림, 고추, 오렌지)	가 : 뭐예요? 나 : _____ 이에요/예요.
(남자 얼굴)	가 : 누구예요? 나 : _____ 이에요/예요.
(학교, 병원, 교실)	가 : 어디예요? 나 : _____ 이에요/예요.

친구와 이야기해 보세요 ❺

이름 _____	가 : 누구예요? 나 : _____ 이에요/예요.

TIP 자기 이름을 한글로 쓰고, 교사는 친구들의 이름을 물어 보세요.

한글 2

단어연습·사람의 몸

03

단어연습•숫자

숫 자	읽 기	쓰기 연습				
0	영(공)	영(공)				
1	일	일				
2	이	이				
3	삼	삼				
4	사	사				
5	오	오				
6	육	육				
7	칠	칠				
8	팔	팔				
9	구	구				
10	십	십				

친구와 이야기해 보세요 ❻

 연습

	친구이름 (Friend's Name)	전화번호 (Phone No.)
1	스테파니	8005-2626
2		
3		
4		
5		

한글 2   03

1. 한국어 사전 찾기

한국어 사전 찾기는 영어 등의 다른 언어와 마찬가지로 한글의 알파벳 순서대로 찾아가면 돼요. 여기에서 한글의 알파벳 순서는 한국어의 어휘를 이루고 있는 각 음절의 첫소리의 자음, 모음, 끝소리의 자음의 순서로 찾으면 되는데 그 순서는 다음과 같아요.

순 서		각 첫소리(자음), 모음, 끝소리(자음)의 순서
1	자음	ㄱ, ㄲ, ㄴ, ㄷ, ㄸ, ㄹ, ㅁ, ㅂ, ㅃ, ㅅ, ㅆ, ㅇ, ㅈ, ㅉ, ㅊ, ㅋ, ㅌ, ㅍ, ㅎ
2	모음	ㅏ, ㅐ, ㅑ, ㅒ, ㅓ, ㅔ, ㅕ, ㅖ, ㅗ, ㅘ, ㅙ, ㅚ, ㅛ, ㅜ, ㅝ, ㅞ, ㅟ, ㅠ, ㅡ, ㅢ, ㅣ
3	받침	ㄱ, ㄲ, ㄳ, ㄴ, ㄵ, ㄶ, ㄷ, ㄹ, ㄺ, ㄻ, ㄼ, ㄽ, ㄾ, ㄿ, ㅀ, ㅁ, ㅂ, ㅄ, ㅅ, ㅆ, ㅇ, ㅈ, ㅊ, ㅋ, ㅌ, ㅍ, ㅎ

다음 단어들을 사전의 순서대로 쓰세요.

① 밤　② 가방　③ 선생님　④ 생선　⑤ 여우　⑥ 쇠
⑦ 곰　⑧ 의사　⑨ 밟다　⑩ 여름　⑪ 싫다　⑫ 바쁘다
⑬ 꿈　⑭ 밥　⑮ 거울

①	가방	a bag	⑨		
②			⑩		
③			⑪		
④			⑫		
⑤			⑬		
⑥			⑭		
⑦			⑮		
⑧					

한글 2

2. 한국어 발음 규칙

1) 연음 :

| 받침 | + | ㅇ | ⋯▶ | ⋯⋯ | 이것은[이거슨], 선생님이고[선생니미고], 읽으세요[일그세요], 밥을[바블], 꽃이[꼬치] 먹어요[머거요], 있어요[이써요], 같아요[가타요] |

2) 격음화 : 送气音化

ㄱ				ㅋ	축하[추카], 백화점[배콰점]
ㄷ(ㅅ)	+	ㅎ	⋯▶	ㅌ	못해요[모태요], 옷 한 벌[오탄벌]
ㅂ				ㅍ	합하면[하파면], 잡히다[자피다]
ㅈ(ㄵ)				ㅊ	맞히다[마치다], 앉히다[안치다]
		ㄱ		ㅋ	하얗고[하야코], 좋고[조코], 싫고[실코]
ㅎ (ㄶ, ㅀ)	+	ㄷ	⋯▶	ㅌ	하얗다[하야타], 좋다[조타], 싫다[실타]
		ㅂ		ㅍ	×
		ㅈ		ㅊ	하얗지요?[하야치요], 많지[만치]

3) 비음화 :

ㄱ(ㄲㄹㄳ)				ㅇ	각 나라[강나라], 백 명[뱅명], 깎는다[깡는다], 읽는다[잉는다], 칡냉면[칭냉면]
ㄷ(ㅌㅅㅆㅈㅊ)	+	ㄴ	⋯▶	ㄴ	듣는[든는], 옷만[온만], 있는[인는], 맞는다[만는다], 몇 명[면명]
ㅂ (ㅍㅄㄼ)		ㅁ		ㅁ	감사합니다[감사함니다], 값만[감만], 앞마당[암마당], 밟는[밤는]

ㄱ(ㄲㄹㄳ)				ㅇ		독립[동닙], 떡라면[떵나면]
ㄷ(ㅌㅅㅆㅈㅊ)	+	ㄹ	⋯▶	ㄴ	+ ㄴ	몇 리[면니]
ㅂ(ㅍㅄㄿ)				ㅁ		십 리[심니]

ㅁ				ㅁ		심리학[심니학]
ㅇ	+	ㄹ	⋯▶	ㅇ	+ ㄴ	장래[장내], 왕래[왕내]

4) 설측음화(ㄹ되기) :

ㄹ				ㄹㄹ	설날[설랄], 달나라[달라라]
ㄴ	+	ㄴ ㄹ	⋯▶	ㄹㄹ	신라[실라], 신뢰[실뢰]

5) 구개음화 :

ㄷ				ㅈ	굳이[구지], 미닫이[미다지]
ㅌ	+	이	⋯▶	ㅊ	같이[가치], 밭이[바치], 뭍이[무치]
ㄷ	+	히	⋯▶	ㅊ	닫히다[다치다], 젖히다[저치다]

6) 된소리화 : 硬音化

ㄱ(ㄲㄹㄳ)		ㄱ		ㄱ		ㄲ	학교[학꾜]
		ㄷ				ㄸ	있다[읻따]
ㄷ(ㅌㅅㅆㅈㅊ)	+	ㅂ	⋯▶	ㄷ	+	ㅃ	떡볶이[떡뽀끼]
		ㅅ				ㅆ	첫사랑[첟싸랑]
ㅂ(ㅍㅄㄿ)		ㅈ		ㅂ		ㅉ	갑자기[갑짜기]

교실용어

한국어	중국어
보세요.	请看
들으세요.	请听
읽으세요.	请读
쓰세요.	请写
말하세요.	请说
외우세요.	请背

한국어	중국어
듣고 따라하세요.	请听然后跟读
듣고 대답하세요.	请听然后回答
질문 있어요?	有问题吗?
친구(선생님)에게 물어 보세요.	请问朋友(老师)
무슨 뜻이에요?	什么意思?
N은/는 한국말로 뭐예요?	N用韩语怎么说?
알겠어요?	知道了吗?
네, 알아요.	是的, 知道了
아니요, 몰라요.	不, 不知道
같아요.	一样
달라요.	不一样
비슷해요.	相似
좋아요.	好, 行
안 돼요.	不行
내일 수업이 있어요.	明天有课
내일 수업이 없어요.	明天没有课

일러두기*

进阶에서는 한국어의 기초적인 어휘와 문법을 익히고 다양한 연습을 통해 자기소개하기, 물건사기 등의 의사소통 과제를 해결하는 능력을 기를 수 있도록 구성하였습니다.

문법에서 기호 N은 명사, A는 형용사, V는 동사를 가리킵니다.

찾아보기에 제시된 단어들은 각 과에 처음 제시된 쪽만 표시했습니다.

留学韩国语（一）（上）

进阶

- 04 저는 스테파니입니다.
- 05 집이 어디에 있어요?
- 06 지금 몇 시예요?
- 07 이 사과는 한 개에 얼마예요?
- 08 한국 생활은 재미있습니다.

04 저는 스테파니입니다.

■ **학습목표** : 자기소개하기
■ **어　휘** : 인사, 취미, 직업, 나라
■ **문　법** : N이/가 N입니까? / N은/는 N입니다. / N도 /
　　　　　 N 사람 / N어 / N말 / N의 N / 제 N / N이/가 아닙니다.

스테파니 : 안녕하세요?

토　　린 : 안녕하세요?

스테파니 : 저는 스테파니입니다.

토　　린 : 저는 토린입니다.

어휘와 표현

명사   취미

요리

야구

서예

컴퓨터 게임

음악 감상

수영

태권도

농구

독서

영화 감상

여행

쇼핑

축구

직업

 선생님
 학생
 의사
 회사원

 사업가
 가수
 배우
 경찰관

 디자이너
 요리사
 외교관
 화가

 엔지니어
 공무원
 주부

나라

한국	중국	미국	영국
독일	일본	프랑스	호주
몽골	말레이시아	베트남	태국
러시아	이탈리아	캐나다	스페인

어휘와 표현

기타

저	무엇	어느
말	사람	이름
친구	차	영어

표현

안녕하세요?	네
만나서 반갑습니다.	아니요

N 씨

받침 ○ + 씨   토린 ⇒ 토린 씨
받침 × + 씨   스테파니 ⇒ 스테파니 씨

 쓰세요

	N 씨		N 씨
스테파니	스테파니 씨	리우팅	리우팅 씨
크리스		토린	
리에		?	

056 留学韩国语（一）（上）

 # 문법 1   04

N이/가 N입니까?

이름이 무엇입니까?
직업이 무엇입니까?
취미가 농구입니까?

받침 ○ + 이   이름 … 이름이
받침 × + 가   취미 … 취미가

N은/는 N입니다.

저는 스테파니입니다.
취미는 야구입니다.
리에 씨는 요리사입니다.

받침 ○ + 은   이름 … 이름은
받침 × + 는   취미 … 취미는

 쓰세요

	N이/가	N은/는
이 름	이름이	이름은
취 미		

문법 1

	N이/가	N은/는
직 업		
나 라		

연습하세요

보기
이름 / 스테파니

가 : 이름이 무엇입니까?
나 : 저는 스테파니입니다.

가 : _____?
나 : _____.

❶ 이름 / 크리스

❷ 이름 / 리우팅

❸ 이름 / 토린

❹ 이름 / 리에

❺ 이름 / ?

문법 2

N 도

가 : 저는 중국 사람입니다.
나 : 저도 중국 사람입니다.
가 : 저는 요리사입니다.
나 : 리에 씨도 요리사입니다.

N 사람 / N어 / N말

저는 중국 사람입니다.
한국어입니까?
프랑스말입니다.

N 사람	한국 ⋯ 한국 사람
N어	한국 ⋯ 한국어
N말	한국 ⋯ 한국말

 쓰세요

나라 이름	N 사람	N어	N말
한국	한국 사람	한국어	한국말
중국			
일본			

문법 2

나라 이름	N 사람	N어	N말
영국		영어	
몽골			
태국		태국어	
스페인			

연습하세요

보기
어느 나라 / 중국
가 : 어느 나라 사람입니까?
나 : 저는 중국 사람입니다.

가 : _____?
나 : _____.

❶ 어느 나라 / 일본

❷ 어느 나라 / 독일

❸ 어느 나라 / 한국

❹ 어느 나라 / 태국

❺ 어느 나라 / ?

말하기 ❶

가 : 안녕하세요?
나 : 안녕하세요?
가 : 이름이 무엇입니까?
나 : 저는 리우팅입니다.
가 : 어느 나라 사람입니까?
나 : 저는 중국 사람입니다.

	이 름	나 라
1		
2		
3		
4		
5		
6		
7		

문법 3

N의 N

크리스의 가방입니다.
친구의 휴대폰입니다.
선생님의 취미가 무엇입니까?

제 N

제 이름은 마리오입니다.
제 취미는 영화 감상입니다.
제 직업은 디자이너입니다.

리우팅 / 취미 ⋯▶ 리우팅의 취미   저 / 이름 ⋯▶ 제 이름
크리스 / 친구 ⋯▶ 크리스의 친구   저 / 휴대폰 ⋯▶ 제 휴대폰

 쓰세요

N / N	N의 N	저 / N	제 N
토린 / 취미	토린의 취미	저 / 이름	제 이름
리우팅 / 직업		저 / 취미	
크리스 / 차		저 / 친구	

04

N / N	N의 N	저 / N	제 N
마리오 / 공책		저 / 자전거	
리에 / 나라		저 / 가방	

 연습하세요

보기
취미 / 농구

가 : 취미가 무엇입니까?
나 : 제 취미는 농구입니다.

가 : _____?
나 : _____.

❶ 취미 / 야구

❷ 취미 / 음악 감상

❸ 취미 / 독서

❹ 취미 / 태권도

❺ 취미 / ?

 문법 4

N이/가 아닙니다.

스테파니의 휴대폰이 아닙니다.
저는 크리스가 아닙니다.
저는 의사가 아닙니다.

받침 ○ + 이 아닙니다　　음악 감상 ⋯ 음악 감상이 아닙니다
받침 × + 가 아닙니다　　야구 ⋯ 야구가 아닙니다

 쓰세요

리에	리에가 아닙니다	농구
애니		태권도
리우팅		여행
한국 사람		의사
중국 사람		외교관
독일 사람		선생님
미국 사람		학생

04

 연습하세요

보기 리에, 취미 / 농구 ×, 축구 ○

가 : 리에 씨, 취미가 농구입니까?
나 : 아니요, 제 취미는 농구가 아닙니다.
  축구입니다.

가 : _____?
나 : _____.

❶ 취미 / 야구 ×, 독서 ○

❷ 직업 / 화가 ×, 공무원 ○

❸ 한국 사람 ×, 일본 사람 ○

❹ 프랑스 사람 ×, 독일 사람 ○

❺ ?

말하기 ❷

가 : 안녕하세요?
나 : 안녕하세요?
가 : 취미가 무엇입니까?
나 : 제 취미는 농구입니다.
가 : 직업이 무엇입니까?
나 : 저는 요리사입니다.

	이름	취미	직업
1			
2			
3			
4			
5			
6			
7			

본문 04

토　　린 : 안녕하십니까?
스테파니 : 안녕하세요?
토　　린 : 제 이름은 토린입니다.
스테파니 : 저는 스테파니입니다.
토　　린 : 스테파니 씨, 어느 나라 사람입니까?
스테파니 : 저는 호주 사람입니다.
토　　린 : 저는 미국 사람입니다.
　　　　　스테파니 씨, 취미가 무엇입니까?
스테파니 : 제 취미는 농구입니다.
토　　린 : 저도 농구입니다.
　　　　　스테파니 씨, 직업이 무엇입니까?
스테파니 : 저는 디자이너입니다.
　　　　　토린 씨도 디자이너입니까?
토　　린 : 아니요, 저는 디자이너가 아닙니다.
　　　　　외교관입니다.
스테파니 : 만나서 반갑습니다.
토　　린 : 만나서 반갑습니다.

말하기 ❸ 본문과 같이 친구와 이야기해 보세요.

가 :

나 :

가 :

나 :

가 :

나 :

듣기

❶ 친구들은 어느 나라 사람입니까? 연결하세요.

크리스　　●　　　　　　●　독일
리우팅　　●　　　　　　●　호주
리에　　　●　　　　　　●　미국
토린　　　●　　　　　　●　일본
스테파니　●　　　　　　●　중국

❷ 친구들의 취미가 무엇입니까? 연결하세요.

크리스　　●　　　　　　●　농구
리우팅　　●　　　　　　●　독서
리에　　　●　　　　　　●　영화 감상
토린　　　●　　　　　　●　태권도
스테파니　●　　　　　　●　축구

 # 읽기

토린 : 안녕하십니까?
제 이름은 토린입니다.
저는 미국 사람입니다.
저는 외교관입니다.
제 취미는 농구입니다.
만나서 반갑습니다.

 # 쓰기

자기소개를 해 보세요.

여러 가지 인사말

05

집이 어디에 있어요?

- **학습목표**: 장소·위치 말하기
- **어 휘**: 장소, 위치
- **문 법**: N이에요? N예요? / N이에요. N예요 / N이/가 아니에요 / N와/과 N / N이/가 N에 있어요.

스테파니 : 여기가 어디예요?

크 리 스 : 여기는 병원이에요.

스테파니 : 크리스 씨, 집이 어디에 있어요?

크 리 스 : 우리 집은 강남에 있어요.

어휘와 표현

명사   장소

 학교    도서관   병원    약국

 마트   백화점   공원   식당

 편의점   커피숍    학생회관   매점

 꽃가게   미용실   경찰서   출입국관리소

 아파트   단독주택    기숙사   고시원

 국제관   은행    우체국

집

① 큰방　　② 작은방　　③ 안방　　④ 침실
⑤ 거실　　⑥ 서재　　　⑦ 부엌/주방　⑧ 화장실
⑨ 현관　　⑩ 계단　　　⑪ 베란다　　⑫ 마당/정원
⑬ 대문

건물

사무실

교실

복도

로비

주차장

엘리베이터

지하

어휘와 표현

집안 사물

 침대
 옷장
 책상
 의자

 식탁
 소파
 텔레비전/TV
 컴퓨터

 냉장고
 세탁기
 전자레인지
 신발장

 에어컨

위치 ❶

 위
 아래
 앞
 뒤

05

| 안 | 밖 | 오른쪽 | 왼쪽 |

| 옆 | 사이 | 건너편 | 가운데 |

근처

위치 ❷

| 여기 | 거기 | 저기 | 어디 |

기타

| 강남 | 홍대 | 마이애미 | 베이징 |
| 부산 | 서울 | 커피 | |

표현

있어요	없어요	아무도
아무 것도	누구	누가
그리고	우리 집	뭐

05 _ 집이 어디에 있어요? 075

문법 1

N이에요? N예요?

여기가 어디예요?
스테파니 씨가 누구예요?
중국 사람이에요?

받침 ○ + 이에요?　　　학생 … 학생이에요?
받침 × + 예요?　　　　누구 … 누구예요?

N이에요. N예요.

여기는 기숙사예요.
저는 스테파니예요.
제 취미는 영화 감상이에요.

받침 ○ + 이에요　　　리우팅 … 리우팅이에요
받침 × + 예요　　　　야구 … 야구예요

 쓰세요

	N이에요? N예요?	N이에요. N예요.
뭐 / 커피	뭐예요?	커피예요
누구 / 리우팅		

	N이에요? N예요?	N이에요. N예요.
어디 / 도서관		
어느 나라 사람 / 중국 사람		

연습하세요

보기 이름, 뭐 / 스테파니

가 : 이름이 뭐예요?
나 : 저는 스테파니예요.

가 : _____?
나 : _____.

❶ 이름, 뭐 / 마리오

❷ 취미, 뭐 / 야구

❸ 여기, 어디 / 백화점

❹ 집, 어디 / 홍대

❺ ? / ?

N이/가 아니에요.

가 : 여기가 서재예요?
나 : 아니요, 서재가 아니에요.
가 : 마리오 씨는 중국 사람이에요?
나 : 아니요, 중국 사람이 아니에요.

받침 ○ + 이 아니에요   독일 사람 ⋯ 독일 사람이 아니에요
받침 × + 가 아니에요   친구 ⋯ 친구가 아니에요

한국 사람	한국 사람이 아니에요.
식당	
공원	
서재	
교실	
복도	

05

연습하세요

보기 여기 / 교실 ×, 사무실 ○

가 : 여기가 교실이에요?
나 : 아니요, 교실이 아니에요.
    사무실이에요.

가 : _____?
나 : _____.

❶ 여기 / 백화점 ×, 마트 ○

❷ 취미 / 야구 ×, 축구 ○

❸ 리에 씨의 집 / 아파트 ×,
   기숙사 ○

❹ 크리스 씨 / 프랑스 사람 ×,
   독일 사람 ○

❺ ? / ?

말하기 ①

리에 : 토린 씨, 집이 어디예요?
토린 : 우리 집은 홍대예요.
리에 : 토린 씨, 집이 아파트예요?
토린 : 아니요,
　　　 우리 집은 단독주택이에요.

친구 이름	집이 어디예요?	아파트/단독주택/기숙사/고시원

 문법 3

N와/과 N

병원과 약국이에요.
크리스와 마리오는 친구입니다.
토린과 리에는 선생님이 아니에요.

| 받침 ○ + 과 | 병원, 약국 … 병원과 약국 |
| 받침 × + 와 | 크리스, 마리오 … 크리스와 마리오 |

 쓰세요

야구, 축구	야구와 축구	도서관, 은행	도서관과 은행
옷장, 침대		방, 화장실	
책상, 의자		위, 아래	
프랑스, 독일		여기, 거기	
선생님, 학생		앞, 뒤	

 문법 4

> **N이/가 N에 있어요.**

병원이 어디에 있어요?
화장실이 사무실 옆에 있어요.
마리오 씨가 리우팅 씨 뒤에 있어요.

| 받침 ○ + 이 | 은행 ⋯ 은행이 |
| 받침 × + 가 | 마리오 씨 ⋯ 마리오 씨가 |

| 받침 ○ + 에 | 앞 ⋯ 앞에 |
| 받침 × + 에 | 사이 ⋯ 사이에 |

 쓰세요

병원 / 은행 옆	병원이 은행 옆에 있어요
화장실 / 교실 뒤	
도서관 / 우체국 건너편	
베란다 / 현관 앞	
마리오 / 애니 씨 옆	
선생님 / 리에와 리우팅 사이	
전자레인지 / 냉장고 앞	

05

연습하세요 ❶

보기

편의점 / 공원 옆

가 : 편의점이 어디에 있어요?
나 : 편의점은 공원 옆에 있어요.

❶ 백화점 / 도서관 건너편

❷ 냉장고 / 식탁 옆

❸ 화장실 / 작은방과 큰방 사이

❹ 기숙사 / 도서관 뒤

연습하세요 ❷

보기

방 안, 무엇 / 침대, 텔레비전

가 : 방 안에 무엇이 있어요?
나 : 방 안에 침대와 텔레비전이 있어요.

❶ 교실, 무엇 / 책상, 의자

❷ 방 안, 무엇 / 책상, 컴퓨터

❸ 집, 무엇 / 큰방, 작은방, 부엌

❹ 교실, 누구 / 선생님, 크리스

말하기 ❷

리에: 토린 씨, 집에 무엇이 있어요?

토린: 우리 집에 작은방과 거실이 있어요.

리에: 토린 씨 방 안에 무엇이 있어요?

토린: 제 방 안에 침대와 책상이 있어요.

친구 이름	집	방

 # 본문

05

크리스: 애니 씨, 여기가 어디예요?
애 니: 여기는 학생회관이에요.
크리스: 저기는 식당이에요?
애 니: 아니요, 식당이 아니에요. 도서관이에요.
크리스: 우리 교실은 어디예요?
애 니: 우리 교실은 사무실 옆에 있어요.
크리스: 국제관에 무엇이 있어요?
애 니: 국제관에 커피숍과 매점이 있어요.

 말하기 ❸ 본문과 같이 친구와 이야기해 보세요.

가 :

나 :

가 :

나 :

가 :

나 :

가 :

나 :

듣기

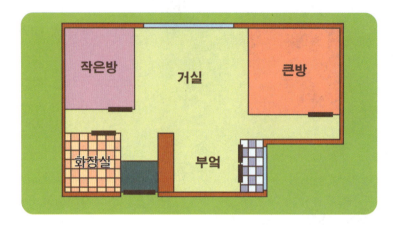

보기

 냉장고　 세탁기　 텔레비전　 컴퓨터　 침대　 책상

 의자　 소파　 책상　 식탁　 신발장　 옷장

▶ 방 안에 무엇이 있어요? 보기에서 찾으세요.

큰 방 :

작은방 :

거 실 :

부 엌 :

현 관 :

 # 읽기

안녕하세요? 저는 스테파니예요.
여기는 우리 집이에요.
우리 집은 강남에 있어요.
우리 집에 큰방과 작은방이 있어요.
부엌과 거실과 화장실도 있어요.
주차장은 없어요.
큰방에 침대와 텔레비전이 있어요.
작은방에는 아무 것도 없어요.
그리고 거실에 소파가 있어요.
부엌에 식탁과 냉장고와 전자레인지가 있어요.
우리 집에 에어컨은 없어요.

 **쓰기**

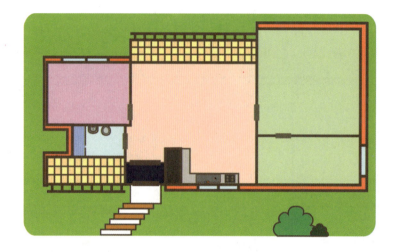

여러분의 집은 어디예요? 무엇이 있어요?

文化阅读

　　한국에서 대학생들은 어디에 살고 있을까요? 이 질문에 대한 중국 학생들의 대답은 간단합니다. 당연히 학교 기숙사지요! 하지만 한국의 상황은 좀 다릅니다. 한국의 대학교에는 전체 학생 정원의 15% 정도만 수용할 수 있는 작은 기숙사만 있는 것이 보통입니다. 그래서 대부분의 학생이 걸어서 갈 수 있는 학교 근처나 지하철역 근처에 방을 구해서 삽니다.

　　이 부분에 대해 여러분은 걱정할 필요가 없습니다. 한국의 치안은 아주 좋아서, 학교 밖에 사는 것도 안전하기 때문입니다. 보통 대학교 근처에는 학생들이 살 만한 곳이 아주 많은데요, 그중에서 대표적인 것이 근처 주민들이 지은 2,3층의 다세대주택(多世帶住宅)입니다. 다세대주택은 여러 가구가 같이 사는 공동 주택입니다. 사람들은 "OO빌라" 이렇게 부르기도 합니다.

　　주민들은 그중의 일부 혹은 전체를 학생들에게 세를 주거나, 하숙을 주기도 합니다. 하숙은 방세와 식비를 내고 남의 집에 머물면서 삽니다. 많은 학생이 한국 가정집을 체험하면서 하숙을 하기도 합니다.

　　이러한 작은 방에는 물, 전기, 가스 등의 점검표가 있어서 학생들이 얼마를 썼는지 계산하기 쉽게 되어 있습니다. 학생들은 혼자 살거나 2인실을 선택해서 친구와 함께 살 수도 있는데, 비용은 한국 돈으로 20~50만 원 정도입니다.

　　또 고시원이라는 곳이 있는데, 한 건물 안에 작게 나누어진 방들이 이어진 형태입니다. 고시원이라는 이름에서 알 수 있듯이, 고시원은 원래 각종 시험을 준비하는 사람들이 공부하면서 잠도 잘 수 있는 곳인데요, 현재는 많은 학생이 이곳에서 삽니다. 또 하나, 학생들이 경제적으로 여유가 있다면 학교 근처에 있는 아파트에서 친구와 함께 살거나 원룸에서 살기도 하는데, 가격이 조금 비싸기는 하지만 모든 것이 갖추어져 있어서 편리합니다.

　　유학생인 여러분이 한국에 가면 첫 학기에는 학교에서 기숙사를 배정해주고, 두 번째 학기부터는 학교 규정에 따라 계속 기숙사에서 살거나 기숙사를 떠나게 됩니다. 그리고 기숙사를 떠나는 대부분의 학생이 위에서 설명한 여러 곳에서 살게 될 것입니다.

　　여러분, 한국에 가게 되면 어디에서 살지 잘 생각해 보세요!

memo*

지금 몇 시예요?

- **학습목표** : 시간·날짜·요일 말하기
- **어　　휘** : 시간, 날짜, 요일
- **문　　법** : 숫자 / N 시, N 분, N 초 / N년, N월, N일, N요일 / 무슨 N / N부터 N까지

리우팅 : 애니 씨, 지금 몇 시예요?

애　니 : 지금 5시 10분이에요.

리우팅 : 애니 씨, 오늘이 며칠이에요?

애　니 : 오늘은 10월 9일이에요.

어휘와 표현

명사

시간

시	분	초
지금	새벽	아침
점심	저녁	낮
밤	오전	오후
정오	자정	전
후	반	쯤

날짜

년	월	일
작년	올해	내년
매년	지난달	이번 달
다음 달	매월	어제
오늘	내일	모레
매일	지난주	이번 주
다음 주	주말	언제

06

기타

달력	한글날	어린이날
어버이날	생일	시험
방학	휴가	시계
과일	운동	음료수
책	카푸치노	아메리카노
사과	복숭아	주스
파티	난타	숫자

표현

한국어 수업	수업 시간	쉬는 시간
점심시간	근무 시간	이번 학기
다음 학기	지난 학기	실례지만
감사합니다		

문법 1

숫자 ❶ : 일, 이, 삼……

1	2	3	4	5	6	7	8	9	10
일	이	삼	사	오	육	칠	팔	구	십
11	12	13	14	15	16	17	18	19	20
십일	십이	십삼	십사	십오	십육	십칠	십팔	십구	이십
30	40	50	60	70	80	90	100	1,000	10,000
삼십	사십	오십	육십	칠십	팔십	구십	백	천	만

숫자 ❷ : 하나, 둘, 셋……

1	2	3	4	5	6	7	8	9	10
하나 (한 N)	둘 (두 N)	셋 (세 N)	넷 (네 N)	다섯	여섯	일곱	여덟	아홉	열
11	12	13	14	15	16	17	18	19	20
열하나 (열한 N)	열둘 (열두 N)	열셋 (열세 N)	열넷 (열네 N)	열다섯	열여섯	열일곱	열여덟	열아홉	스물 (스무 N)
30	40	50	60	70	80	90	100	1,000	10,000
서른	마흔	쉰	예순	일흔	여든	아흔	백	천	만

문법 2

> N 시

1	2	3	4	5
한 시	두 시	세 시	네 시	다섯 시

6	7	8	9	10
여섯 시	일곱 시	여덟 시	아홉 시	열 시

11	12	?
열한 시	열두 시	몇 시

문법 2

N 분

1	2	3	4	5	6	7
일 분	이 분	삼 분	사 분	오 분	육 분	칠 분
8	9	10	11	12	13	14
팔 분	구 분	십 분	십일 분	십이 분	십삼 분	십사 분
15	20	30	40	50	?	
십오 분	이십 분	삼십 분	사십 분	오십 분	몇 분	

N 초

1	2	3	4	5	6	7
일 초	이 초	삼 초	사 초	오 초	육 초	칠 초
8	9	10	11	12	13	14
팔 초	구 초	십 초	십일 초	십이 초	십삼 초	십사 초
15	20	30	40	50	?	
십오 초	이십 초	삼십 초	사십 초	오십 초	몇 초	

06

 쓰세요 _ 숫자

33	삼십삼	270	
27		788	
56		1,500	
71		3,800	
99		15,000	
123		57,600	

 쓰세요 _ 시간

1:20	5:00	9:00	12:30	3:45	11:10
한 시 이십 분					

4:30	2:05	10:55	6:42	8:50	7:29

문법 2

연습하세요

보기 12:10

가 : 실례지만, 지금 몇 시예요?
나 : 지금 열두 시 십 분이에요.
가 : 감사합니다.

가 : _____ ?
나 : _____ .

9:40

3:00

8:30

11:55

?

말하기 ❶

리 에 : 마리오 씨, 지금 몇 시예요?
마리오 : 지금 밤 아홉 시 십 분이에요.
리 에 : 멕시코는 지금 몇 시예요?
마리오 : 멕시코는 지금 새벽
　　　　 여섯 시 십 분이에요.

친구 이름	한 국	친구의 나라
마리오	pm 9:10	멕시코 am 6:10

# 말하기 ❷

리 에 : 마리오 씨, "상속자들"이 몇 시예요?
마리오 : "상속자들"은 열 시예요.

친구 이름	프로그램	시 간
마리오	상속자들	10:00

문법 3

N년

1	2	3	4	5
일년	이년	삼년	사년	오년
10	100	1000	1443	1988
십년	백년	천년	천사백사십삼년	천구백팔십팔년
2002	2013	2014	2015	?
이천이년	이천십삼년	이천십사년	이천십오년	몇 년

N월

1	2	3	4	5
일월	이월	삼월	사월	오월
6	7	8	9	10
유월	칠월	팔월	구월	시월
11	12	?		
십일월	십이월	몇 월		

문법 3

N일

1	2	3	4	5	6	7
일일	이일	삼일	사일	오일	육일	칠일
8	9	10	11	12	13	14
팔일	구일	십일	십일일	십이일	십삼일	십사일
15	16	17	18	19	20	21
십오일	십육일	십칠일	십팔일	십구일	이십일	이십일일
22	23	24	25	26	27	28
이십이일	이십삼일	이십사일	이십오일	이십육일	이십칠일	이십팔일
29	30	31	?			
이십구일	삼십일	삼십일일	며칠			

N요일

日	月	火	水	木	金	土
월요일	화요일	수요일	목요일	금요일	토요일	일요일
?						
무슨 요일						

06

쓰세요 _ 날짜

3월 3일	삼월 삼일	8월 15일	
5월 8일		7월 17일	
10월 9일		9월 1일	
11월 20일		10월 3일	
6월 25일		12월 25일	

쓰세요 _ 요일

日	月	火	水
일요일			
木	金	土	日

문법 4

무슨 N

무슨 요일이에요? / 토요일이에요.
무슨 커피예요? / 카푸치노예요.
무슨 과일이에요? / 사과예요.

쓰세요

N	무슨 N	N	무슨 N
커피	무슨 커피	주스	
과일		책	
운동		요일	

연습하세요 ❶

보기	
오늘, 며칠 / 3월 7일	가 : 오늘이 며칠이에요? 나 : 오늘은 3월 7일이에요.

❶ 오늘, 며칠 / 6월 10일

❷ 내일, 며칠 / 8월 31일

❸ 모레, 며칠 / 11월 11일

❹ 금요일, 며칠 / 10월 10일

연습하세요 ❷

보기

오늘, 요일 / 목요일

가 : 오늘이 무슨 요일이에요?
나 : 오늘은 목요일이에요.

❶ 내일, 요일 / 화요일

❷ 과일 / 복숭아

❸ 커피 / 아메리카노

❹ 책 / 한국어 책

❺ ? / ?

연습하세요 ❸

보기

생일 / 9월 9일

가 : 생일이 언제예요?
나 : 제 생일은 9월 9일이에요.

❶ 생일 / 5월 8일

❷ 방학 / 7월 25일

❸ 휴가 / 8월 15일

❹ 한글날 / 10월 9일

❺ ? / ?

 문법 5

N부터 N까지

한국어 수업은 월요일**부터** 금요일**까지**예요.
점심시간은 12시**부터** 1시**까지**예요.
오늘**부터** 모레**까지** 휴가예요.

| 받침 ○ + 부터 | 3월 ⋯ 삼월**부터** |
| 받침 × + 부터 | 2시 ⋯ 두 시**부터** |

| 받침 ○ + 까지 | 5월 ⋯ 오월**까지** |
| 받침 × + 까지 | 8시 ⋯ 여덟 시**까지** |

 쓰세요

N ~ N	N부터 N까지
월요일 ~ 금요일	월요일부터 금요일까지
9시 ~ 1시	
3월 ~ 10월	
내일 ~ 모레	
새벽 ~ 밤	

06

N ~ N	N부터 N까지
아침 ~ 저녁	
2013년 ~ 2017년	

연습하세요

보기 방학, 언제 / 7월 25일 ~ 8월 31일

가 : 방학이 언제부터 언제까지예요?
나 : 방학은 7월 25일부터 8월 31일까지예요.

❶ 백화점, 몇 시 /
　오전 10:00 ~ 오후 8:30

❷ 휴가, 언제 /
　11월 9일 ~ 11월 17일

❸ 한국어 수업, 무슨 요일 /
　월요일 ~ 금요일

❹ 다음 학기, 언제 /
　3월 ~ 6월

❺ ? / ?

말하기 ❸

스테파니 : 크리스 씨, 오늘이 며칠이에요?
크 리 스 : 오늘은 6월 12일이에요.
스테파니 : 무슨 요일이에요?
크 리 스 : 오늘은 금요일이에요.

친구 이름	며칠	무슨 요일
크리스	6월 12일	금요일

TIP 선생님들은 날짜와 요일 미션 쪽지를 나누어 주세요.

말하기 ❹

크 리 스 : 스테파니 씨, 생일이 언제예요?

스테파니 : 제 생일은 1993년 5월 8일이에요.

친구 이름	친구의 생일
스테파니	1993년 5월 8일

본문

리 에: 마리오 씨, 오늘이 며칠이에요?
마리오: 오늘은 11월 3일이에요.
리 에: 무슨 요일이에요?
마리오: 수요일이에요.
　　　 리에 씨, 생일이 언제예요?
리 에: 제 생일은 10월 5일이에요.
　　　 마리오 씨, 생일이 언제예요?
마리오: 제 생일은 다음 주 화요일이에요.
리 에: 우아! 생일 파티는 언제예요?
마리오: 생일 파티는 이번 주 토요일
　　　 오후 6시예요.

 말하기 ⑤ 본문과 같이 친구와 이야기해 보세요.

가:

나:

가:

나:

가:

나:

가:

나:

듣기

❶ 시간을 쓰세요.

보기 3:10

1)
2)
3)
4)

❷ 날짜를 쓰세요.

보기 5월 5일

1)
2)
3)
4)

 읽기

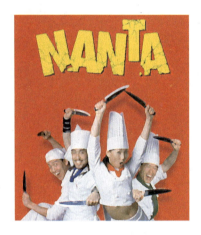

토 린 : 리우팅 씨, 난타가 언제부터 언제까지예요?
리우팅 : 난타는 10월 31일부터 11월 30일까지예요.
토 린 : 몇 시예요?
리우팅 : 월요일부터 금요일까지는 7시부터 9시까지예요.
토 린 : 토요일도 7시부터예요?
리우팅 : 토요일은 4시부터 6시까지예요.
토 린 : 감사합니다.
리우팅 : 뭘요.^^

 쓰기

文化阅读

　　한국과 중국은 문화적으로나 역사적으로 관계가 깊은데요, 그래서 그런지 한국의 기념일은 중국의 기념일과 같거나 비슷한 부분이 꽤 많습니다. 과연 어느 기념일이 중국과 같은지 우리 함께 살펴볼까요?

　　우선 한국의 새해, 즉 설이 있습니다. 한국의 설은 중국의 춘절과 같이 음력 1월 1일로, 모두 3일 동안 연휴입니다. 설날 오전에는 온 가족이 모여서 조상들께 차례를 지내고, 친척이나 이웃 어른들에게 세배를 하는 것이 고유의 풍습입니다. 또, 설날에 떡국을 먹는 전통이 있는데, 떡국을 먹는 것은 나이를 한 살 더 먹는 것을 의미합니다.

　　음력 8월 15일인 추석은 설과 함께 한국을 대표하는 전통 명절로, 한가위 또는 중추절(□□□)이라고도 부릅니다. 모두 3일 동안 연휴이며, 역시 조상에게 차례를 지내면서 한 해의 풍성한 수확을 감사하는 날입니다. 떡의 한 종류인 송편을 빚어 먹고, 부침개 등 기름진 음식을 많이 먹기 때문에 명절이 지나면 살이 찌는 경우가 종종 있습니다.

　　한국 스승의 날은 양력 5월 15일로, 스승의 날에 학생들은 선생님께 카네이션을 달아 드리며 감사의 마음을 전합니다.

　　중국과는 또 다른 기념일로 양력 5월 5일의 어린이날이 있는데요. 어린이날 하루는 휴일로 지정되어, 많은 부모님이 아이들을 데리고 근처 놀이공원이나 동물원에 가서 재미있는 시간을 보냅니다.

　　한국의 양력 10월 9일은 한글날인데요, 한글 날은 세종대왕이 한글을 만든 날을 기념하기 위한 날이며, 하루 동안 회사나 학교에 가지 않고 쉽니다.

　　또한 양력 8월 15일은 광복절로, 일본으로부터의 독립을 기념하며 하루 동안 쉽니다.

이 사과는 한 개에 얼마예요?

- **학습목표** : 물건 사기
- **어　휘** : 과일, 음료, 식품, 교실
- **문　법** : 이것, 그것, 저것, 어느 것 / 단위 명사 / N에 / N하고 N / 이 N, 그 N, 저 N, 어느 N

토 린 : 이것은 무엇입니까?

리 에 : 그것은 사과입니다.

토 린 : 이 사과는 한 개에 얼마예요?

리 에 : 그 사과는 한 개에 천 원이에요.

어휘와 표현

명사

과일

사과	바나나	딸기	수박
멜론	레몬	키위	참외
배	포도	파인애플	복숭아	감

음료

사이다	콜라	수정과	식혜
녹차	소주	맥주	막걸리
오렌지주스	아이스티	스무디	요거트

07

물

우유

식품

라면

컵라면

빵

두부

달걀/계란

과자

통조림

치킨

생선

고기

국수

만두

기타

휴대폰

교통카드

가방

지갑

어휘와 표현

책　　　　　공책　　　　　볼펜　　　　　연필

지우개　　　안경　　　　　가구　　　　　돈

양말　　　　캔　　　　　아주머니　　　강아지

단위

원	달러	위안
층	개	병
마리	송이	통
상자	팩	킬로그램(kg)
그램(g)		

표현

어서 오세요.　　뭘 드릴까요?　　얼마예요?
또 오세요.　　　주세요.　　　　모두

문법 1

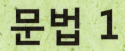

이것(이거), 그것(그거), 저것(저거), 어느 것(어느 거)

이것(이거)

그것(그거)

저것(저거)

어느 것(어느 거)

이것은 무엇입니까? / 그것은 사과입니다.
저것은 무엇입니까? / 저것은 지갑입니다.
이거 뭐예요? / 그거 막걸리예요.
저거 뭐예요? / 저거 컵라면이에요.

연습하세요

보기

이것 / 바나나

가 : 이것은 무엇입니까?
나 : 그것은 바나나입니다.

가 : _____?
나 : _____.

❶ 이것 /

❷ 그것 /

❸ 저것 /

문법 1

④ 저것 /

⑤ ? / ?

 연습하세요

| 보기 | 이거 / 수정과

가 : 이거 뭐예요?
나 : 그거 수정과예요. | 가 : _____?

나 : _____. |

① 이거 /

② 이거 /

③ 그거 /

④ 저거 /

⑤ ? / ?

문법 2

단위 명사

	1	2	3	4	5	?
N 원	일 원	이 원	삼 원	사 원	오 원	…… 몇 원
N 달러	일 달러	이 달러	삼 달러	사 달러	오 달러	…… 몇 달러
N 위안	일 위안	이 위안	삼 위안	사 위안	오 위안	…… 몇 위안

쓰세요 _ 돈

100	백 원	3,500	
1,000		27,000	
10,000		480	
100,000		84,000	
1,000,000		510,000	

07 _ 이 사과는 한 개에 얼마예요?

문법 2

연습하세요

보기

 / 500

가 : 사과가 얼마예요?
나 : 오백 원이에요.

가 : _____?
나 : _____.

❶ / 750

❷ / 2,300

❸ / 17,000

❹ / 38,000

❺ ? / ?

문법 3

N 층

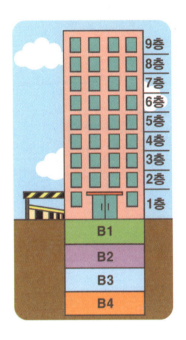

1	2	3	4	5
일 층	이 층	삼 층	사 층	오 층
6	7	8	9	10
육 층	칠 층	팔 층	구 층	십 층
20	30	?		
이십 층	삼십 층	몇 층		
B1	B2	B3	B4	B5
지하 일 층	지하 이 층	지하 삼 층	지하 사 층	지하 오 층

쓰세요_층

1	일 층	B1	
7		B3	
15		B4	
31		B6	
63		B7	

07 _ 이 사과는 한 개에 얼마예요?

문법 3

보기	구두 / 1
	가 : 실례지만, 구두가 몇 층에 있어요?
	나 : 구두는 일 층에 있어요.
	가 : 감사합니다.

가 : _____ ?

나 : _____ .

❶ 화장실 / 2

❷ 옷장 / 4

❸ 수박 / B1

❹ 주차장 / B2 ~ B5

❺ ? / ?

말하기 ①

마 리 오 : 스테파니 씨, 그거 뭐예요?
스테파니 : 이거 두부예요.
마 리 오 : 두부는 얼마예요?
스테파니 : 두부는 800원이에요.

친구 이름	물건 이름	가 격

단위 명사

	1	2	3	4	5	?
N 개	한 개	두 개	세 개	네 개	다섯 개	…	몇 개
N 병	한 병	두 병	세 병	네 병	다섯 병	…	몇 병
N 마리	한 마리	두 마리	세 마리	네 마리	다섯 마리	…	몇 마리
N 송이	한 송이	두 송이	세 송이	네 송이	다섯 송이	…	몇 송이
N 통	한 통	두 통	세 통	네 통	다섯 통	…	몇 통
N 상자	한 상자	두 상자	세 상자	네 상자	다섯 상자	…	몇 상자
N 팩(pack)	한 팩	두 팩	세 팩	네 팩	다섯 팩	…	몇 팩
N kg	일 kg	이 kg	삼 kg	사 kg	오 kg	…	몇 kg

N 개	사과, 복숭아, 과자, 캔 커피, 캔 콜라, 캔 맥주 …
N 병	사이다, 콜라, 물, 우유, 소주, 맥주, 막걸리 …
N 마리	동물(강아지), 치킨, 생선 …
N 송이	바나나, 포도 …
N 통	수박, 멜론 …
N kg	포도, 딸기 …
N 상자	사과, 딸기, 배 …
N 팩(pack)	딸기, 포도, 고기, 생선 …

문법 5

N에

사과는 한 개에 얼마예요?
바나나는 한 송이에 3천 원이에요.
맥주는 한 병에 2천 원이에요.

쓰세요

1개	한 개에	1마리	
2송이		1kg	
3병		1통	

N하고 N

식탁 위에 사과하고 딸기가 있어요.
교실 안에 스테파니하고 크리스가 있어요.
빵하고 우유 주세요.

쓰세요

바나나 / 복숭아	포도 / 파인애플
배 / 수박	두부 / 과자

문법 5 / 6

콜라 / 사이다	침대 / 책상
소주 / 맥주	마리오 / 스테파니
물 / 계란	리에 / 리우팅

이 N, 그 N, 저 N, 어느 N

이 책

그 책

저 책

어느 책

이 사과는 한 개에 얼마예요?
그 생선은 한 마리에 얼마예요?
저 포도 2kg 주세요.

 쓰세요

	이 사과	그 사과	저 사과	어느 사과
사과	이 사과	그 사과	저 사과	어느 사과
빵				

07

두부				
콜라				
과자				
사람				
집				

연습하세요

보기 사과, 1 / 700원

가 : 이 사과는 한 개에 얼마예요?
나 : 그 사과는 한 개에 700원이에요.

가 : _____ ?
나 : _____ .

① 막걸리, 1 / 2,000원

② 포도, 1 / 3,000원

③ 계란, 10 / 3,500원

④ 생선, 2 / 5,000원

⑤ ? / ?

말하기 ❷

가 : 그 사과는 한 개에 얼마예요?

나 : 이 사과는 한 개에 700원이에요.

가 : 저 바나나는 한 송이에 얼마예요?

나 : 저 바나나는 한 송이에 3,500원이에요.

친구 이름	물건 이름	얼마예요?

TIP 사물 카드를 나눠 주고 이름과 가격 묻기

본문

아주머니 : 어서 오세요. 뭘 드릴까요?
크 리 스 : 그 사과는 한 개에 얼마예요?
아주머니 : 이 사과는 한 개에 1,000원이에요.
크 리 스 : 이 포도는 1kg에 얼마예요?
아주머니 : 그 포도는 1kg에 3,000원이에요.
크 리 스 : 저 수박은 한 통에 얼마예요?
아주머니 : 저 수박은 한 통에 15,000원이에요.
크 리 스 : 포도 2kg하고 사과 5개 주세요.
아주머니 : 네, 여기 있어요. 모두 11,000원이에요.
크 리 스 : 감사합니다. 안녕히 계세요.
아주머니 : 감사합니다. 또 오세요.

 말하기 ❸ 본문과 같이 친구와 이야기해 보세요.

가 :

나 :

가 :

나 :

가 :

나 :

가 :

나 :

가 :

나 :

가 :

듣기

❶ 이름이 뭐예요? 쓰세요.

> 보기   라 면

1)
2)
3)
4)

❷ 얼마예요? 쓰세요.

> 보기   300원

1)
2)
3)
4)

 # 읽기

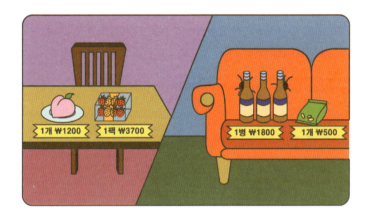

우리 집 식탁 위에 복숭아 1개하고 딸기 1팩이 있어요.
복숭아는 한 개에 1,200원이에요.
그리고 딸기는 1팩에 3,700원이에요.
소파 위에 맥주 3병하고 과자가 있어요.
맥주는 한 병에 1,800원이에요.
그리고 과자는 한 개에 500원이에요.

 # 쓰기

친구들의 방에 무엇이 있어요? 얼마예요?

文化阅读

　　한국의 돈 단위는 "만"으로 비교적 큰 편인데요, 현재 한국에서 가장 큰 액수의 지폐는 오만 원권이고, 만 원권 지폐, 오천 원권 지폐, 천 원권 지폐와, 500원, 100원, 50원과 10원짜리 동전이 있습니다. 2015년 9월 30일 기준으로, 한국돈 만원은 52.23런민비에 해당합니다.

　　한국의 오만 원권 지폐는 2009년 6월 23일부터 발행되어 현재는 보편적으로 쓰이고 있습니다. 오만 원권 지폐에는 한국 16세기 조선시대의 유명한 예술가이자 작가인 신사임당이 그려져 있는데요, 그는 한국을 대표하는 현모양처로, 문학적 소양이 높고 서예와 그림 그리기에도 능통했습니다.

　　만 원권 지폐에는 한글을 창조하신 세종대왕의 그림이 있는데, 세종대왕은 한국의 역사상 가장 위대한 왕으로 칭송되고 있습니다.

　　오천 원권 지폐에는 조선시대 저명한 철학자인 이이의 사진이 있는데, 이이의 어머니가 바로 오만 원권 지폐에 그려진 신사임당입니다.

　　천 원권 지폐에 그려진 사람은 조선시대 대표적인 유교 학자인 퇴계 이황입니다.

　　이렇게 한국의 지폐에 그려진 사람을 통해 알 수 있듯이, 한국은 문학과 교육, 그리고 유교적 사상을 중시하는 국가입니다.

08

한국 생활은 재미있습니다.

- **학습목표 :** 날씨와 한국 생활 말하기
- **어 휘 :** 날씨, 맛, 음식
- **문 법 :** N을/를 / A/V-ㅂ/습니까? / A/V-ㅂ/습니다. / A/V-지 않습니다. / N에 / N들 / A-고 / A/V-지만

애 니 : 한국 생활이 어떻습니까?

토 린 : 한국 생활은 재미있고 즐겁습니다.

애 니 : 오늘 날씨가 어떻습니까?

토 린 : 맑고 따뜻합니다.

어휘와 표현

날씨

해　　달　　별　　구름
비　　우산　　눈　　눈사람
바람

음식

김치찌개　　된장찌개　　불고기　　삼계탕
비빔밥　　떡볶이　　자장면/짜장면　　김밥

08

밥

기타

생활	도시	신문
그림	춤	명동
제주도	동대문 시장	옷
물건	같이	아주
도쿄	시드니	베이징
영화	음악	

동사

날씨

비가 오다

눈이 오다

바람이 불다

번개가 치다

천둥이 치다

어휘와 표현

기타

가다	오다	자다	일어나다
먹다	마시다	입다	벗다
보다	듣다	걷다	만들다
살다	알다	줍다	돕다
공부하다	요리하다	추다	등산하다
빨래하다	청소하다	읽다	쇼핑하다

08

 그리다
 만나다
 결혼하다
 하다

형용사

날씨

 맑다
 흐리다
 춥다
 덥다

 따뜻하다
 시원하다
 쌀쌀하다

맛

 맵다
 짜다
 시다
 달다

 맛있다
 맛없다
 쓰다

어휘와 표현

기타

 어떻다
 예쁘다
 좋다
 싫다

 많다
 적다
 크다
 작다

 어렵다
 쉽다
 멀다
 가깝다

 길다
 짧다
 높다
 낮다

 넓다
 좁다
 밝다
 어둡다

08

 빠르다

 느리다

 비싸다

 싸다

 뜨겁다

 차갑다

 더럽다

 깨끗하다

 무겁다

 가볍다

 재미있다

 재미없다

 날씬하다

 뚱뚱하다

 힘들다

 즐겁다

 바쁘다

 한가하다

 친절하다

 복잡하다

문법 1

N을/를

옷을
사과를

받침 ○ + 을	밥 → 밥을
받침 × + 를	커피 → 커피를

N이/가 A	선생님이	받침O+이	교실->교실이
	친구가	받침X+가	학교->학교가

쓰세요

N	N을/를	N이/가	N	N을/를	N이/가
책	책을		영화		
옷			그림		
음악			커피		
음식			축구		

문법 2

A/V-ㅂ/습니까?

무엇을 합니까?

바나나가 맛있습니까?

받침 ○ + 습니까? 　　먹다 ⋯ 먹습니까?
받침 × + ㅂ니까? 　　가다 ⋯ 갑니까?
받침 ㄹ → × + ㅂ니까? 　달다 ⋯ 답니까?

A/V-ㅂ/습니다.

책을 읽습니다.

불고기가 비쌉니다.

받침 ○ + 습니다 　　좋다 ⋯ 좋습니다
받침 × + ㅂ니다 　　보다 ⋯ 봅니다
받침 ㄹ → × + ㅂ니다 　길다 ⋯ 깁니다

A/V-지 않습니다.

밥을 먹지 않습니다.
맵지 않습니다.

받침 ○ + 지 않습니다 　　읽다 ⋯ 읽지 않습니다
받침 × + 지 않습니다 　　예쁘다 ⋯ 예쁘지 않습니다

문법 2

쓰세요

먹다	먹습니까?	먹습니다	먹지 않습니다
읽다			
가다			
오다			
듣다			
걷다			
만들다			
살다			
줍다			
돕다			
좋다			
많다			
크다			
싸다			

08

춥다		
어렵다		
멀다		
길다		

 연습하세요 ❶

보기

가 : 무엇을 합니까?
나 : 공부합니다.

가 : _____?
나 : _____.

❶

❷

❸

❹

 # 문법 2

 연습하세요 ❷

보기	날씨, 춥다
	가 : 날씨가 어떻습니까?
	나 : 날씨가 춥습니다.

가 : _____?
나 : _____.

❶ 한국 생활, 재미있다

❷ 한국어 공부, 어렵다

❸ 한국 음식, 맛있다

❹ 커피, 뜨겁다

❺ ?

 연습하세요 ❸

보기 공부하다 ×, 텔레비전을 보다 ○
가 : 공부합니까?
나 : 아니요, 공부하지 않습니다.
　　 텔레비전을 봅니다.

가 : _____?
나 : _____.

❶ 라면을 먹다 ×, 빵을 먹다 ○

❷ 음악을 듣다 ×, 춤을 추다 ○

❸ 커피를 마시다 ×, 친구를 만나다 ○

❹ 영화를 보다 ×, 등산하다 ○

❺ ?

문법 3

N에

주말에 무엇을 합니까?
토요일에 영화를 봅니다.
어디에 갑니까?
명동에 갑니다.

받침 ○ + 에   주말 … 주말에
받침 × + 에   9시 … 아홉 시에

쓰세요

1시	한 시에	6월
3시		10월
월요일		2015년
수요일		내년
주말		♥어제
아침		♥오늘
점심		♥내일
방학		♥매일
학교		도서관
명동		스페인

문법 3

연습하세요 ❶

보기	내일 / 친구를 만나다
	가 : 스테파니 씨, 내일 무엇을 합니까?
	나 : 저는 내일 친구를 만납니다.

가 : _____ ?
나 : _____ .

❶ 주말 / 쇼핑하다

❷ 내일 / 영화를 보다

❸ 방학 / 제주도에 가다

❹ 내년 / 결혼하다

❺ ?

연습하세요 ❷

보기	명동
	가 : 스테파니 씨, 어디에 갑니까?
	나 : 명동에 갑니다.

가 : _____ ?
나 : _____ .

❶ 제주도

❷ 시드니

❸ 도서관

❹ 백화점

❺ ?

# 문법 4

N들

내일 친구들과 명동에 갑니다.
도서관에 사람들이 많습니다.
책상 위에 책들이 있습니다.

받침 ○ + 들   사람 ⇒ 사람들
받침 × + 들   친구 ⇒ 친구들

 쓰세요

N	N들	N	N들
친구		사람	
도시		학생	
나라		가방	

말하기 ❶

크 리 스 : 스테파니 씨, 오늘 무엇을 합니까?
스테파니 : 저는 오늘 한국어를 공부합니다.
크 리 스 : 내일 무엇을 합니까?
스테파니 : 내일 친구들을 만납니다.
크 리 스 : 주말에 무엇을 합니까?
스테파니 : 주말에 친구들과 명동에 갑니다.

이름	스테파니		
오늘	한국어를 공부하다		
내일	친구들을 만나다		
주말	친구들과 명동에 가다		
?			

크리스: 스테파니 씨, 주말에 영화를 봅니까?
스테파니: 네, 영화를 봅니다.
크리스: 스테파니 씨, 주말에 한국어를 공부합니까?
스테파니: 아니요, 한국어를 공부하지 않습니다. 친구를 만납니다.

이름	스테파니	
공부하다	×	
영화를 보다	○	
친구를 만나다	○	
명동에 가다		
요리하다		
그림을 그리다		
책을 읽다		
음악을 듣다		
맥주를 마시다		

 **문법 5**

A-고

크리스 씨는 재미있고 친절합니다.
명동은 사람이 많고 복잡합니다.
동대문 시장은 물건이 싸고 많습니다.

받침 ○ + 고	좋다 ⇝ 좋고
받침 × + 고	예쁘다 ⇝ 예쁘고

 쓰세요

낮다	낮고	길다	
높다		예쁘다	
크다		바쁘다	
비싸다		재미있다	
더럽다		맛있다	
무겁다		친절하다	
멀다		복잡하다	

08

연습하세요

보기

스테파니 씨 / 친절하다, 예쁘다

가 : 스테파니 씨가 어떻습니까?
나 : 친절하고 예쁩니다.

가 : _____?
나 : _____.

❶ 오늘 날씨 / 맑다, 따뜻하다

❷ 제주도 / 예쁘다, 재미있다

❸ 방 / 넓다, 깨끗하다

❹ 김밥 / 싸다, 맛있다

❺ ? / ?

 **문법 6**

A/V-지만

김치찌개는 맵지만 맛있습니다.
오늘은 날씨가 맑지만 춥습니다.
저는 주말에 청소를 하지만 빨래를 하지 않습니다.

받침 ○ + 지만	많다 ⋯ 많지만
받침 × + 지만	크다 ⋯ 크지만

 쓰세요

먹다	먹지만	걷다
읽다		살다
가다		만들다
만나다		줍다
듣다		돕다
작다		좁다
넓다		쉽다

08

예쁘다	멀다
바쁘다	길다

 연습하세요

보기 오늘 날씨/맑다, 춥다

가 : 오늘 날씨가 어떻습니까?
나 : 맑지만 춥습니다.

가 : _____?
나 : _____.

❶ 명동 / 복잡하다, 재미있다

❷ 한국어 공부 / 재미있다, 어렵다

❸ 방 / 어둡다, 넓다

❹ 불고기 / 비싸다, 맛있다

❺ ? / ?

말하기 ❷

리 에 : 크리스 씨, 오늘은 날씨가 어떻습니까?
크리스 : 오늘은 날씨가 따뜻합니다.
리 에 : 한국 음식이 어떻습니까?
크리스 : 한국 음식은 맛있지만 맵습니다.
리 에 : 한국 친구가 어떻습니까?
크리스 : 한국 친구는 재미있고 친절합니다.
리 에 : 한국 생활이 어떻습니까?
크리스 : 한국 생활은 즐겁습니다.

이름	크리스	
날씨	따뜻하다	
한국 음식	맛있지만 맵다	
한국 친구	재미있고 친절하다	
한국 생활	즐겁다	
?		

본문

애　니 : 마리오 씨, 오늘 무엇을 합니까?
마리오 : 오늘은 한국어를 공부합니다.
애　니 : 내일도 한국어를 공부합니까?
마리오 : 아니요, 내일은 한국어를 공부하지 않습니다. 친구를 만납니다.
애　니 : 마리오 씨의 친구는 어떻습니까?
마리오 : 제 친구는 재미있고 친절합니다.
애　니 : 주말에 무엇을 합니까?
마리오 : 주말에 친구와 명동에 갑니다.
애　니 : 명동은 어떻습니까?
마리오 : 재미있지만 복잡합니다.

 말하기 ❸ 본문과 같이 친구와 이야기해 보세요.

가 :

나 :

가 :

나 :

가 :

나 :

가 :

나 :

가 :

나 :

듣기

❶ 도시와 날씨를 연결하세요.

서 울　◉　　　　　◉

베이징　◉　　　　　◉

도 쿄　◉　　　　　◉

시드니　◉　　　　　◉

❷ O, ×로 쓰세요.

	크리스	리에
머리가 길다	×	
머리가 짧다	○	
키가 크다		
키가 작다		
뚱뚱하다		
날씬하다		
커피를 마시다		
음악을 듣다		
요리하다		

 읽기

<나의 한국 생활>

저는 매일 학교에 갑니다. 친구하고 선생님을 만납니다.
저는 한국어를 공부합니다.
한국어는 어렵지만 재미있습니다.
점심에 친구들과 밥을 먹습니다.
저는 한국 음식을 좋아합니다.
김치찌개는 맵습니다.
삼계탕은 뜨겁지만 맛있습니다.
제 방은 기숙사 3층에 있습니다.
친구와 같이 삽니다. 친구는 예쁘고 친절합니다.
오늘은 눈이 옵니다. 춥지만 예쁩니다.
한국 생활은 아주 재미있습니다.

 쓰기

한국 생활을 써 보세요.

文化阅读

한국의 돈 단위는 "만"으로 비교적 큰 편인데요, 현재 한국에서 가장 큰 액수의 지폐는 오만 원권이고, 만 원권 지폐, 오천 원권 지폐, 천 원권 지폐와, 500원, 100원, 50원과 10원짜리 동전이 있습니다. 2015년 9월 30일 기준으로, 한국돈 만원은 52.23런민비에 해당합니다.

한국의 오만 원권 지폐는 2009년 6월 23일부터 발행되어 현재는 보편적으로 쓰이고 있습니다. 오만 원권 지폐에는 한국 16세기 조선시대의 유명한 예술가이자 작가인 신사임당이 그려져 있는데요, 그는 한국을 대표하는 현모양처로, 문학적 소양이 높고 서예와 그림 그리기에도 능통했습니다.

만 원권 지폐에는 한글을 창조하신 세종대왕의 그림이 있는데, 세종대왕은 한국의 역사상 가장 위대한 왕으로 칭송되고 있습니다.

오천 원권 지폐에는 조선시대 저명한 철학자인 이이의 사진이 있는데, 이이의 어머니가 바로 오만 원권 지폐에 그려진 신사임당입니다.

천 원권 지폐에 그려진 사람은 조선시대 대표적인 유교 학자인 퇴계 이황입니다.

이렇게 한국의 지폐에 그려진 사람을 통해 알 수 있듯이, 한국은 문학과 교육, 그리고 유교적 사상을 중시하는 국가입니다.

memo*

듣기 대본

04

1. 친구들은 어느 나라 사람입니까? 연결하세요.

   크리스 : 안녕하세요? 제 이름은 크리스입니다.
   리 에 : 안녕하세요? 저는 리에입니다.
   크리스 : 리에 씨, 어느 나라 사람입니까?
   리 에 : 저는 일본 사람입니다. 크리스 씨는 프랑스 사람입니까?
   크리스 : 아니요, 저는 프랑스 사람이 아닙니다. 독일 사람입니다.
   리 에 : 크리스 씨, 리우팅 씨는 어느 나라 사람입니까?
   크리스 : 리우팅 씨는 중국 사람입니다.
   리 에 : 아~! 토린 씨도 중국 사람입니까?
   크리스 : 아니요, 토린 씨는 미국 사람입니다.
   리 에 : 아~! 스테파니 씨는 어느 나라 사람입니까?
   크리스 : 스테파니 씨는 호주 사람입니다.

2. 친구들의 취미는 무엇입니까? 연결하세요.

   제 친구 크리스 씨의 취미는 농구입니다.
   리우팅 씨의 취미도 농구입니다.
   리에 씨의 취미는 독서입니다.
   토린 씨의 취미는 태권도입니다.
   스테파니 씨의 취미도 태권도입니다.

05

안녕하십니까? 저는 마리오입니다.
여기는 우리 집이에요.
큰방과 작은방이 있어요.
그리고 거실과 부엌과 현관이 있어요.
큰방에 옷장과 침대가 있어요.
작은방에 책상과 컴퓨터가 있어요.
그리고 거실에 소파와 텔레비전이 있어요.
우리 집 부엌에 냉장고와 식탁이 있어요.
그리고 현관에 신발장이 있어요.

06

1. 시간을 쓰세요.

예) 가 : 실례지만 지금 몇 시예요? / 나 : 지금 세 시 십 분이에요.
❶ 가 : 실례지만, 지금 몇 시예요? / 나 : 지금 다섯 시 반이에요.
❷ 가 : 실례지만, 지금 몇 시예요? / 나 : 지금 여덟 시예요.
❸ 가 : 실례지만, 지금 몇 시예요? / 나 : 지금 한 시 사십오 분이에요.
❹ 가 : 실례지만, 지금 몇 시예요? / 나 : 지금 열한 시 반이에요.

2. 날짜를 쓰세요.

예) 가 : 오늘은 며칠이에요? / 나 : 오늘은 오월 오일이에요.
❶ 가 : 오늘은 며칠이에요? / 나 : 오늘은 시월 십일이에요.
❷ 가 : 오늘은 며칠이에요? / 나 : 오늘은 유월 육일이에요.
❸ 가 : 스테파니 씨, 생일이 언제예요? / 나 : 제 생일은 오월 팔일이에요.
❹ 가 : 방학이 언제예요? / 나 : 방학은 십이월 이십일이에요.

07

1. 물건의 이름을 쓰세요.

예) 가 : 이거 뭐예요? / 나 : 그거 라면이에요.
❶ 가 : 이거 뭐예요? / 나 : 그거 스무디예요.
❷ 가 : 그거 뭐예요? / 나 : 이거 딸기예요.
❸ 가 : 저거 뭐예요? / 나 : 저거 우유예요.
❹ 가 : 이거 뭐예요? / 나 : 그거 교통카드예요.

2. 물건의 가격을 쓰세요.

예) 가 : 이 볼펜은 한 개에 얼마예요? / 나 : 그 볼펜은 한 개에 300원이에요.
❶ 가 : 이 맥주는 한 병에 얼마예요? / 나 : 그 맥주는 한 병에 1,800원이에요.
❷ 가 : 그 안경은 한 개에 얼마예요? / 나 : 이 안경은 한 개에 36,000원이에요.
❸ 가 : 저 두부는 한 개에 얼마예요? / 나 : 저 두부는 한 개에 1,000원이에요.
❹ 가 : 저 가방은 한 개에 얼마예요? / 나 : 저 가방은 한 개에 78,000원이에요.

듣기 대본

08

1. 남 : 오늘 서울은 맑습니다. 베이징은 날씨가 어떻습니까?
   여 : 베이징은 맑지 않습니다. 비가 옵니다.
   남 : 도쿄는 날씨가 어떻습니까?
   여 : 도쿄는 구름이 많습니다. 흐립니다.
   남 : 시드니는 날씨가 어떻습니까?
   여 : 시드니는 눈이 오고 춥습니다.

2. 여러분 안녕하세요? 저는 크리스예요.
   저는 머리가 짧습니다. 키가 크지만 뚱뚱합니다.
   제 친구 리에 씨는 머리가 길고 날씬합니다.
   저는 커피를 마시지 않습니다.
   저는 음악을 듣지만 제 친구는 요리합니다.

찾아보기

ㄱ, ㄴ

ㄱ

가구	118
가깝다	140
가다	138
가방	037, 062, 117, 149
가볍다	141
가수	055
가슴	042
가운데	075
가위	034
감사합니다	098
강남	075
강아지	118
같이	137, 159
개(동물)	021
개(단위)	118
거기	075
거실	073
거울	039
건너편	075
건물	073
걷다	138
게	021
겨드랑이	042
결혼하다	139
경찰관	055
경찰서	072
계단	073
계란	117
고기	117
고시원	072
고추	026
공	043
공부하다	138
공원	072
공책	039, 063, 118
과일	093, 116
과자	117
교실	037, 075, 127
교통카드	117
구	043
구두	021, 124
구름	136
국제관	072
귀	042
그램(g)	118
그리고	075, 133
그리다	139
그림	137
근무 시간	093
기숙사	072, 159
길다	140
김밥	037, 136
김치	037
김치찌개	136
깨끗하다	141
꽃가게	072

ㄴ

나라	055, 077, 149
나무	034
나비	034
난타	093
날씨	136
날씬하다	141
날짜	092
낮	092
낮다	140
내년	092, 147
내일	092, 147
냉장고	039, 074
넓다	140
네	056, 131, 151
년	092
녹차	116
농구	054
높다	140
누가	075
누구	075
눈(신체)	042
눈(날씨)	136
눈사람	136
눈썹	042

찾아보기 ㄴ, ㄷ, ㄹ, ㅁ

| 눈이 오다 | 137 |
| 느리다 | 141 |

ㄷ

다리	042
다음 달	092
다음 주	092
다음 학기	093
단독주택	072
단위	118
달	136
달걀	117
달다	139
달러	118
달력	093
당근	037
대문	073
더럽다	141
더워요	034
덥다	139
도서관	072, 147
도시	137
도쿄	137, 162
독서	054,
독일	055, 078
돈	037, 118
돕다	138
동대문 시장	137
된장찌개	039, 136
두부	021, 117
뒤	074
듣다	138
등	042
등산하다	138
디자이너	055
따뜻하다	139
딸기	039, 116
떡	039
떡볶이	136
또 오세요	118
뚱뚱하다	141

| 뜨겁다 | 141 |

ㄹ

라면	037, 117, 132, 146
러시아	055
레몬	039, 116
로비	073
리본	037

ㅁ

마당	073
마리	118
마시다	138
마이애미	075
마트	072
막걸리	116
만나다	139
만나서 반갑습니다	056
만들다	138
많다	140
말	056
말레이시아	055
맑다	139
맛	139
맛없다	139
맛있다	139
매년	092
매월	092
매일	092, 147
매점	074, 085
맥주	116, 151
맵다	139
머리	042, 158
머리카락	042
먹다	138
멀다	140
멕시코	055, 099
멜론	039, 116

찾아보기　　　　ㅁ, ㅂ, ㅅ

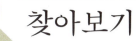

며칠	104
명동	137
몇	121
모두	118
모래	034
모레	092
모자	034
목	042
목구멍	042
몽골	055
무겁다	141
무릎	042
무슨	107
무엇	056, 085, 143
물	037, 117
물건	137, 152
뭐	044, 075, 125
뭘 드릴까요?	118
미국	055
미용실	072

ㅂ

바나나	034, 116, 143
바다	021
바람	136
바람이 불다	137
바쁘다	141
바지	026
밖	075
반	092
발	042
발꿈치	042
발목	042
밝다	140
밤	092
밥	137
방	081
방학	093, 147
배(교통)	021
배(신체)	042
배(과일)	116

배우	055
백화점	072, 107, 148
번개가 치다	137
벗다	138
베란다	073
베이징	075
베트남	055
별	136
병	118
병원	072
보다	138
복도	073
복숭아	093, 116
복잡하다	137
볼	042
볼펜	118
부산	075
부엌	073
분	092
불고기	136
비	136
비가 오다	137
비빔밥	136
비싸다	141
비행기	039
빠르다	141
빨래하다	138
빵	039, 117, 146
뺨	042
뼈	026
뽀뽀	021

ㅅ

사	043
사과	034, 093, 116
사람	056, 076, 129, 149
사무실	073
사업가	055
사우디아라비아	055
사이	075
사이다	116

찾아보기　167

찾아보기　　　　　ㅅ, ㅇ

ㅅ

사자	026
사탕	037
살다	138
삼	043
삼계탕	136
상자	118
새	026
새벽	092
생선	117
생일	093
생활	137
서예	054
서울	075, 158, 162
서재	075
선생님	045, 054, 081, 159
세탁기	039, 074
소주	026, 116
소파	074, 133
속	075
손	042
손가락	042
손목	042
송이	118
쇼핑	054
쇼핑하다	138
수박	037, 116
수업 시간	093
수영	054
수정과	116
숫자	093
쉬는 시간	093
쉽다	140
스무디	116
스웨터	034
스페인	055, 147
시	092
시간	092
시계	026, 093
시다	139
시드니	137, 162
시소	026
시원하다	139
시험	093
식당	072
식탁	074, 127
식품	117
식혜	116
신문	137
신발장	074
실례지만	093, 124
싫다	140
십	043
싸다	026, 141
쌀쌀하다	139
쏘다	026

ㅇ

아니요	056, 085, 146
아랍어	060
아래	074
아메리카노	093
아무 것도	075
아무도	075
아이스티	116
아주	137
아주머니	118
아침	092, 147
아파트	072
안	075, 127
안경	118
안녕하세요?	056, 087
안방	073
알다	138
앞	074
앨범	039
야구	054, 076
약국	072
양말	037, 118
어깨	042
어느	056, 077
어둡다	142
어디	075, 147
어떻다	140
어렵다	140
어린이날	093

찾아보기  ㅇ, ㅈ

어버이날	093		운동	093
어서 오세요	118		원	118
어제	092, 147		월	092
언제	092		위	074, 133, 149
얼굴	042		위안	118
얼마예요?	118		위치	074
없어요	075		육	043
엉덩이	042		은행	072
에어컨	074		음료	116
엔	118		음료수	093
엘리베이터	039, 073		음식	136
여기	075, 131		음악	137, 162
여행	054		음악 감상	054
연필	118		의사	034, 054
영	043		의자	034, 074
영국	055		이	043
영어	056		이름	044, 056, 077
영화	137		이번 달	092
영화 감상	054, 076		이번 주	092
옆	075		이번 학기	093
예쁘다	140		이탈리아	055
오	043		일(숫자)	043
오늘	092, 147, 160		일(날짜)	092
오다	138		일본	055, 160
오렌지주스	116		일어나다	138
오른쪽	075		읽다	138
오리	034		입	042
오전	092		입다	138
오후	092		있어요	075
올해	092			
옷	137		ㅈ	
옷장	076, 124, 160			
왕	039			
왜	034		자다	138
외교관	055		자두	026
왼쪽	075		자장면	136
요거트	114		자전거	037, 063
요리	054, 162		자정	092
요리사	055		작년	092
요리하다	138		작다	140
우리 집	075, 133, 160		작은방	073, 160
우산	136		장갑	037
우체국	074		장소	072
우유	034, 117			

찾아보기   ㅈ, ㅊ, ㅋ

재미없다	141
재미있다	141
저	056, 076, 148
저기	075
저녁	092
적다	136
전	092
전자레인지	076
전화	039
점심	092, 147
점심시간	093
정오	092
정원	075
제주도	137
좁다	140
좋다	140
주말	092, 147
주방	073
주사위	034
주세요	118
주스	093
주차장	073, 124
줍다	138
중국	055, 076, 147, 160
즐겁다	141
지갑	117
지금	092
지난달	092
지난주	092
지난 학기	093
지우개	118
지하	073, 123
지하철	037
직업	054
집	073, 129
집안 사물	074
짜다	139
짜장면	136
짧다	140
쯤	092

ㅊ

차	056
차갑다	141
참외	116
책	093, 118, 142
책상	074, 128, 149, 160
천둥이 치다	137
청소하다	138
초	092
추다	138
축구	054, 079, 142
출입국관리소	072
춤	137
춥다	139
취미	054, 076, 160
층	118, 159
치즈	026
치킨	117
친구	037, 056, 081, 146, 162
친절하다	141
칠	043
침대	039, 074, 128, 160
침실	073

###

카드	021
카푸치노	093
캐나다	055
캔	118
커피	021, 075, 104, 142, 162
커피숍	072
컴퓨터	037, 074, 160
컴퓨터 게임	054
컵라면	117
코	021, 042
콜라	116
쿠키	021

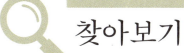

찾아보기

ㅋ, ㅌ, ㅍ, ㅎ, 기타

ㅋ

크다	140
큰방	073, 160
키위	116
킬로그램(kg)	118

ㅌ

턱	042
태국	055
태권도	039, 054, 160
택시	039
텔레비전	039, 074, 146, 160
토끼	021
토마토	034
통	118
통조림	117
투수	026

ㅍ

파	021
파도	021
파인애플	116
파티	093
팔(신체)	042
팔(숫자)	043
팔꿈치	042
팩	118
페루	055
편의점	074
포도	021, 116
풍선	037
프랑스	055, 079, 160
피구	021
피자	026

ㅎ

하다	139
학교	037, 072, 147
학생	054, 081, 149
학생회관	072
한가하다	141
한국	055, 078, 146
한국어	059, 105, 146
한국어 수업	093
한글날	093
해	136
허리	042
현관	073, 160
호랑이	037
호수	026
호주	055, 160
홍대	075
화가	055
화장실	073, 124
회사원	054
후	092
휴가	093
휴대폰	039, 062, 117
휴지	026
흐리다	139
힘들다	141

기타

| TV | 074 |